ルノルマン・カードの世界

The World of Lenormand cards

RYUICHI IZUMI and KAREN SAKURANO

Komakusa Publishing

はじめに

　1枚のカードにひとつのシンボル。
　シンプルでありながら、組み合わせ次第でリーディングの世界が無限に広がるカード、それが「ルノルマン・カード」です。

　カードを手にとってみるとピンとくると思いますが、ルノルマン・カードに描かれている象徴は、誰もが知っている絵柄ばかり。
　ひと目で幸運のカードとわかるクローバー。何やら縁起が悪そうな棺。セレブな淑女に素敵な紳士。かわいい犬もいます。それぞれのカードがまるで、絵本のワンシーンを切り取ったよう。言われなければ、これが占いに使われるカードとは気づかないかもしれません。
　さらに、ルノルマン・カードの占い方はとても独創的。美しい淑女やハンサムな紳士は主人公となって、船に乗り旅に出ます。雲行きが怪しくなったかと思えば、晴れ間から美しい星がまたたいて見えたり、油断していると足元でネズミがさっと逃げ去ったり、状況は刻一刻と変化します。山道の途中でキツネが現れ、大事な荷物を騙（だま）し取られてしまう、そんなアクシデントも起こり得るのです。
　このように、それぞれのカードが持つキーワードを重ね合わせて、物語を創りながら相談者のすべてを明らかにしていきます。イマジネーションをフルに働かせてリーディングする面白さと、グラン・タブローと呼ばれるスプレッドの優れた問題解決力を同時に味わえるのが、この占いの魅力です。

「なんだか難しそう」。いいえ、決して難しいことはありません。基本となるルールを覚えれば、驚くほどの鑑定力を誰もが身につけることができます。

本書では、初めてルノルマン・カードを手にする方にも気軽に親しんでいただけるよう、1章では1枚1枚のカードの意味を丁寧に解説しました。ルノルマン・カードの特徴でもある「コンビネーション・リーディング」のサンプルも豊富に掲載してあります。

2章からは、ルノルマン・カード占いの真髄ともいえる「グラン・タブロー」をステップアップ式で勉強できるよう構成してあります。1枚引きから徐々に枚数を増やしていきますので、少しずつ、でも着実にマスターしていけるはずです。

3章では、伊泉龍一先生に語り手をバトン・タッチし、「ルノルマン・カード」の歴史や起源についてお話をしていただきます。日本ではいまだ語られたことのない事実を読者のみなさまにお伝えいたします。

いままでにないスタイルの占い方法に最初は戸惑うかもしれません。しかし、マスターしていくうちにルノルマン・カードが導き出す答えの的中力、預言の正確さにハッとさせられることとなるでしょう。リーディングのコツをつかんだら、インスピレーションを働かせ、オリジナルの解釈を取り入れていくことにもぜひ挑戦していただきたいです。

それでは、果てしなく広がるルノルマン・カードの世界をお楽しみください。

Contents

はじめに ——————————————————————————— 2

第1章　カードの解説 ——————————————— 5

1 騎士／2 クローバー／3 船／4 家／5 樹木／6 雲／7 ヘビ／8 棺／9 花束／
10 鎌／11 鞭／12 鳥／13 子供／14 キツネ／15 熊／16 星／17 コウノトリ／
18 犬／19 塔／20 庭園／21 山／22 道／23 ネズミ／24 ハート／25 指輪／
26 本／27 手紙／28 紳士／29 淑女／30 ユリ／31 太陽／32 月／33 鍵／
34 魚／35 錨／36 クロス

第2章　グラン・タブローへの道 ————————— 85

ステップ1　ワンカード・オラクル ・・・・・・・・・・・・・・・・・ 90
ステップ2　コンビネーション・リーディング ・・・・・・・・・ 91
ステップ3　キーカードを使う ・・・・・・・・・・・・・・・・・・・・ 93
ステップ4　キーカードの周辺のカードを読む ・・・・・・・・ 95
ステップ5　キーカード周辺の解釈を深める ・・・・・・・・・・ 98
ステップ6　36枚グラン・タブローを学ぶ ・・・・・・・・・・・・ 106

第3章　いかにしてルノルマン・カードは誕生したのか　141

付録1 キーワード・リスト ・・・・・・・・・・・・・・・・・・・・・・・・172
付録2 コンビネーション・リーディング ・・・・・・・・・・・・・175
付録3 キーカード・ガイド ・・・・・・・・・・・・・・・・・・・・・・・・182

おわりに ——————————————————————————— 186

参考文献 ・・191

chapter 1
カードの解説

　1章では、カードの理解を深めていただくために解説を1枚ずつしていきます。

　まず、左のページの上部には【カードの番号】、【カードの名称】とそのカードを体現する【キーワード】を並べました。

　その下に実際の占いの際に、ひんぱんに使われるキーワードを10個選別してあります。ただし、このほかにもカードに関係するキーワードは数多く存在しています。リーディングがレベル・アップするにつれ、詳細なキーワードが必要になってくることと思いますので、詳細に知りたい方のために付録Ⅰ「キーカード・リスト」として、想定できうるキーワードを羅列いたしました。ぜひ、活用してください。

　下段からはカードに描かれた象徴とそこから読み取れるメッセージについてお話します。カードによっては良い面と悪い面のふたつの面を持っているものがあります。双方からの解釈についても、できるだけ言葉を費やすようにしました。

　右のページに移り、上段には実際のリーディングをする際に役立つ【リーディングのコツ】を配しました。これは、ほかのカードが隣り合わせになった場合に抑えておくべきリーディングのポイントについての説明となります。著者自身の経験がベースとなっているので、実践により近い読み方とと

らえてください。

　中段の【ワン・オラクル・リーディング】は2章で登場する1枚引きで占った際に、カードから導き出されるメッセージの例文です。慣れてくれば、これを見なくても、言葉がすっと頭のなかに浮かんでくるようになりますが、初めのうちはこの例がメッセージの導きを手伝ってくれるでしょう。

　下段からは、1枚のカードの意味から枚数が増えるごとに内容が変化していくコンビネーション・リーディングの実例を紹介していきます。単独での意味はバラバラでも、合わせて読むと深いメッセージへ変わる、ルノルマン・カードならではの特別な解釈法となります。幅広いリーディングを身につけるために、欠かせないテクニックとなるでしょう。

　コンビネーションによるリーディングはいくつもあります。解説ページでは3例お伝えいたしましたが、付録Ⅱ「コンビネーション・リーディング」に別の実例を列記しました。リーディングに行き詰ってしまったら、参考にしてみてください。

　ここで、カードの解説ページに出てくる用語についても、あらかじめ説明をしておきます。

❖ キーカードについて ❖

　質問の主役となるものや問題の中心となるものを「キーカード」（象徴カード・フォーカスカード）と呼びます。

　ルノルマン・カードは描かれている象徴が元となり、各カードに役割が割り当てられています。

　例えば、質問者が女性なら「淑女」、男性なら「紳士」、子供のことを占うなら「子供」、家庭内のことを占うなら「家」のカードがキーカードとなります。このように、質問のテーマとなる事柄をそれぞれのカードが担っているのです。実際に占いをするときにはキーカードの周辺のカードを読みながら、リーディングを進めていきます。

初心者のうちは占いたい事柄を思いついても、それに合ったキーカードの見当がつかないかもしれません。その手助けとなるよう付録3に「キーカード・ガイド」を作成しました。五十音順になっていますので、占いたい事案から辞書のようにキーカードが引けるはずです。

1 騎士
CAVALIER

【吉報が届く】

Keyword

吉報　メッセージ　エリート　スピード　勇気　英雄　英才教育　配達人　車　数字の1

　馬にまたがり、風を切る「騎士」。このカードからは、見るからにスピード感が漂います。軽騎兵と呼ばれる身軽な「騎士」たちは、戦場では速さを活かし伝令、追跡、偵察といった任務を務めていました。

　そんな「騎士」のカードが届けてくれるのは、嬉しいニュース。新しい出会いやワクワクするような出来事が近づいてきているようです。その知らせは、明るい未来を築くためのヒントとなるでしょう。

　受け取ったニュースや知らせには速やかに反応する必要があります。素早く行動を起こして、チャンスを確実に自分のものにしましょう。

　また、雄々しく勇敢な「騎士」の姿は、勇気とプライドに満ちあふれています。ここ一番の勝負が迫っていても、恐れることはないでしょう。敵に進撃していく「騎士」のように、顔を前に向け前進することで勝利はもたらされるに違いありません。

　イメージされる人物像は、エリート、勇敢な人、礼儀正しい人です。

✣ リーディングのコツ ✣

隣接するカードが「ヘビ」、「鎌」、「雲」、「棺」、「鎌」、「鞭」、「ネズミ」などのネガティブなカードの場合は注意が必要です。届く知らせがつらく悲しいニュースであったり、明るい便りの陰に、嘘や番狂わせが潜んでいる心配が。

キーカードのすぐ近くに「騎士」のカードがあるなら、そのニュースは間もなく届きます。遠くに位置している場合は、遠方からの知らせになるでしょう。「山」のカードに「騎士」が阻まれているようなら、到着は遅れますが、いずれ良いニュースが届くので、焦らず待ちましょう。

「騎士」がまたがる馬は、古来より人や荷物を運ぶ運搬手段のひとつ。そのことから車やバイク自転車など、個人が所有する乗り物を指すことがあります。

吉報

✣ ワン・オラクル・リーディング【吉報が届く】
・良いニュースが飛び込んできます。
・待ち人や待っていた知らせが訪れるでしょう。
・スピードが肝心。思い立ったが即行動。

吉報　お金、財産

✣ 臨時収入がある
「騎士」の吉報、「魚」の財産・資産のキーワードが交わると、意図せずに入ってくるお金へと転じます。

運搬　お金、財産　固定、安定

✣ 利益（臨時収入）をしっかりと確保できる
臨時収入を「錨」の固定する力で、がっちりとつかむことができます。

運搬　「魚」「棺」のコンビ＝遺産

✣ 遺産や生前贈与を手にする
「魚」と「棺」とのコンビは遺産、生前贈与。予期せぬ縁者から遺産や生前贈与の可能性が。

2 CLOVER クローバー
【幸福な出来事】

――――― ❦ Keyword ❦ ―――――

チャンス　満足感　勝利　薬　お守り　誠実　思いがけない幸福　ラッキー　数字の2

　「四つ葉のクローバーを見つけると幸せになれる」。日が暮れるまで、野原を探しまわった経験を持つ人は少なくないはずです。クローバーの葉には一枚一枚に信仰、希望、愛、幸運という意味が与えられています。それぞれの力を併せ持つ四つ葉のクローバーの力は確かに強大といえそうです。

　ルノルマン・カードの「クローバー」も、わたしたちに幸福をもたらしてくれます。思いがけない喜びやチャンスが到来するでしょう。

　自信を失っているとき、状況が不利なとき、「クローバー」のカードが出たなら、事態が好転するということを表します。

　大差のついていた勝負や期待されていなかった企画のプレゼンなどで、思わぬチャンスが舞い込み、奇跡的な逆転を勝ち取ることも。

　けれども「クローバー」が運んできてくれる幸福は永遠のものではありません。それを長く続けることができるかどうかは自分次第。ガッツポーズをしたなら、すぐに気を引き締めることも忘れずに。

❋ リーディングのコツ ❋

スプレッドの中でも「クローバー」探しは大切。もし、キーカードのそばに「クローバー」があれば、喜ばしい出来事が間もなく訪れることを暗示しています。

また隣り合うカードの幸運度をいっそう強めてくれます。「花束」や「太陽」などのポジティブなカードに「クローバー」が並んでいれば、「心のこもった感謝の贈り物が届く」「大成功を収める」といったように大きな幸運に恵まれるでしょう。

ただし「棺」のカードのようなネガティブな影響には太刀打ちできません。「ヘビ」や「鎌」、「雲」、「棺」、「鎌」、「鞭」、「ネズミ」などのネガティブなカードに隣接していても注意が必要。好ましい状況が一転し窮地に立たされることも。

幸運

❋ ワン・オラクル・リーディング【幸運な出来事】
・チャンス到来です。成功は目の前に。
・運気の周期に変化が。好調の波が訪れます。
・何ごともプラスに転じていくでしょう。

吉運アップ　脚光

❋ 人気を得る。注目される
「星」のカードが示す人気運が「クローバー」の効果によって急上昇します。

吉運アップ　脚光　栄光

❋ 昇格、栄誉、称賛を浴びる
「クローバー」と「太陽」のカードは幸運の最強コンビ。「星」の輝きがパワーアップし、名誉と栄光を手にできます。

吉運アップ　道しるべ　選択

❋ 幸福な未来への導き
「星」と「クローバー」の導きで幸福な人生の選択ができるでしょう。

3 船 SHIP
【チャレンジ・挑戦】

---- Keyword ----

夢　冒険　チャレンジ　旅　船　フリーランスの仕事　外国人　スキルアップ　挑戦者　数字の3

　まだ見ぬ世界を目指して、大海原へ。自由に波間を進む「船」のようすはわたしたちの冒険心をかき立てます。

　15世紀から17世紀の西南ヨーロッパには、新大陸、新航路発見という新たな領域を拡大する大航海時代がありました。それまで伝説や言伝えの中にしか存在しなかった空想の領域であった各地を、探検航海することにより現実のものとして地図に記すことに成功したのです。

　「船」が進む先に広がっているのは想像もつかない未来。どこで、どのような人々に出会い、どんなことが起きるのか、そのとき自分はどんな行動を起こすのか、答えは前進することでわかるはず。いままでにない価値観や経験に遭遇したときには、固定概念を振り払い、好奇心に従って自由な発想で自分を生まれ変わらせましょう。

　追い風が吹いています。恐れずに波に乗って突き進んでください。その希望にあふれた旅は必ずや人生にプラスとなっていくでしょう。

❋ リーディングのコツ ❋

「船」がたどり着いた先が、言葉も文化も違う見知らぬ土地だとしても、そこには新たな出会いがあります。ワクワクした好奇心こそが、冒険の原動力。

けれども、そんな胸躍る冒険も、隣り合うカードによって水が差されてしまうことが。「雲」や「鎌」のカードと並ぶと、計画や挑戦に暗雲が立ち込め、足止めされる心配が。プランの練り直しや延期を考えて。

試練や困難を表す「山」のカードに隣接したときは、「船」の前進する力で乗り越えることができます。「子供」と並んだら、新しいことへのチャレンジが待っているでしょう。

シンボルどおりに船や、公共の乗り物、電車やバスなど多くの人々を運ぶ乗り物を指す場合も。

旅立ち

❋ ワン・オラクル・リーディング【チャレンジ・挑戦】
・旅行運がアップ。訪れたことのない地が幸運を招きます。
・新しくスキルアップできることに挑戦を。
・見聞を広げるチャンスが訪れるでしょう。

チャレンジ、出発　固定

❋ 時期を待つ。機が熟すまで待つ
「船」が「錨」につながれているのは入念な準備が必要という合図。忘れ物やミスがないか再度確認。

チャレンジ、出発　安定、仕事　活力、充実

❋ 隆盛運に乗る。機が熟す
準備が整いました。「太陽」の力で、空は晴れ渡り、エンジンもパワー全開です。いざ、出航!

仕事、前進　安定、仕事　分断

❋ 前に進めない。リストラ。退職
「船」と「錨」をつなぐ鎖が、「鎌」に断ち切られてしまいました。行く先を見失い、不安が募るでしょう。

4 HOUSE 家
【原点・安心できる場所】

※※ Keyword ※※

家庭運　家　家族　思い出　原点　安心する場所　故郷　基盤　不動産業　数字の4

　「家」という言葉を口にするとき、人はどんな思いを抱いているのでしょうか。「わたしの家はね」と前のめりに話すときは、自分の家の特別さに誇らしい感情を持っているのでしょう。「うちはさ……」と重たい口調で語り出すときには、幼少期の厳しいしつけを思い返して複雑な感情が湧き上がっているのかもしれません。

　「家」のカードには住まいだけではなく、両親、家族、食卓の雰囲気、守ってきたルール、育んできた絆、教育環境、家を取り巻くすべてのものが内包されています。

　ポジションによってもリーディングは変わってきます。過去のポジションに現れた場合は「原点に立ち返れ」というメッセージが投げかけられています。現在のポジションに現れたときには、家庭内の問題に向き合う必要性、もしくは屋根と壁で囲うように自分を守る時期と告げています。未来のポジションに出たのなら、心からホッとできる場所がもうすぐ見つかると教えてくれているのでしょう。

❃ リーディングのコツ ❃

「家」のカードを1枚で見た場合は、「幸せな我が家」「ひと息つける場所」といった、あたたかな家庭のイメージを優先させます。

けれども「ヘビ」や「ネズミ」などのネガティブなカードが隣接する場合には注意が必要。家庭不和や近所づき合いでのトラブル、窃盗の被害など、「家」を取り巻く環境に警戒心を持ってください。

また、「コウノトリ」と隣接する場合には、移転（引っ越し）という意味になります。近く、転居を考えるような状況が訪れるのかもしれません。

交際して間もない相手の周辺に「家」のカードが出ているならば、一緒に家庭を持つことや、家族のように自分を守ってくれる存在と感じていることを表しています。

家庭

❃ ワン・オラクル・リーディング【原点・安心できる場所】
・家族への愛情は惜しみなく注ぎましょう。
・心落ち着ける住環境を整えて、ホッとできる居場所作りを。
・故郷や実家に帰って、初心を思い出してください。

家、家庭　　移動

❃ 転居（引っ越し）
「コウノトリ」と「家」のコンビで引っ越し、転居を表します。

家、家庭　　移動、遠方　　船出、海外

❃ 遠方への転居。海外赴任
海外、遠出を示す「船」が加わり、海外への転居や海外赴任、遠方への引っ越しとなります。

家、家庭　　移動、転居　　仕事

❃ 転勤族。転職が続く
引っ越し、転居の理由は「錨」の持つ仕事や安定にあります。人事異動や業務内容変更のたびに転居、転勤が伴うでしょう。

15

5 樹木（じゅもく）
TREE
【成長・癒し】

>>> Keyword <<<

健康運　健康　生命　癒し　成長　医療　病気　永遠　木を育てる仕事　数字の5

　「樹木」は36枚の中でも、特にわたしたちの健康と生命にリンクするカード。大地に深くしっかりと根をはるようすからは、「強い生命力」を感じることができます。「強い生命力」があればそこに「安住の地」を得ることができ、「心が安定」していくでしょう。心と体が安定すれば、「長生き」にもつながっていきます。

　視線を上げれば、幹を天に向かって伸ばし、枝葉を空いっぱいに広げるようすが見えます。「成長」を止めることなく、「繁栄」を目指し、そのたゆまない「努力」が、いずれ「豊穣」をもたらしてくれることに。ここであげられた言葉は、すべて「樹木」のキーワードとなります。

　樹々が成長するには気が遠くなるほどの時間を要します。「樹木」のカードが出たときに、質問者に求められているのは根気強さ。挑戦しようとしていることは長期戦の構えが必要となります。焦りは禁物。じっくりと時間をかけて取り組みましょう。

　いま、幸せを感じているのであれば、それは永く続くことになります。

❖ リーディングのコツ ❖

「樹木」のカードに「ヘビ」や「鎌」などのネガティブなカードが隣り合えば、病気や健康面に心配があります。不規則な食事や睡眠、運動不足、あるいはストレスの蓄積など生活リズムに乱れが出ていませんか？ 自分自身を労わってあげましょう。「棺」との組み合わせでは、病気が長引き慢性化する不安があります。「塔」が隣接すると病院や医療関係の建物を表します。

また、「樹木」が成長するのには永い年月がかかります。仕事を指す「錨」と並んで出たのなら、いまかかわっている事柄は、すぐに結果は出ません。腰を据えてひとつずつ仕上げていきましょう。

健康

❖ ワン・オラクル・リーディング【成長・癒し】
・疲れがたまっているようです。気分転換してください。
・不摂生がないか、生活スタイルを見直しましょう。
・緑の多い場所への散歩がお勧めです。

成長、繁栄　家庭

❖ 一家が繁栄する。家庭円満
　「家」を「樹木」が繁栄させます。

健康　家庭　分断、断絶

❖ 家族に病人が出る。稼ぎ手を失う
　大黒柱（樹木）を「鎌」が切り倒してしまいます。また、家族の健康（樹木）も、「鎌」によって断ち切られる心配が。

再生、永遠　家、家系　伝統

❖ 旧家。伝統を受け継ぐ家系
　「塔」の持つ伝統のキーワードが加わると、「樹木」の再生機能が活発化するため、3枚のコンビは伝統を継承する家系を表します。

6 CLOUDS | 雲
【一旦停止】

―≫ Keyword ≪―

混乱　グレーゾーン　横やり　迷い　曖昧　トラウマ　不安　妨害　一旦停止　数字の6

　「雲」のカードは、すぐそこまで暗雲が近づいていることを暗示しています。さっきまで晴れていた空が、暗転し、猛烈な嵐に巻き込まれてしまうかもしれません。油断をすると、未来は黒い雲に覆い隠され、行く先を見失うこともありそうです。

　雲行きが怪しくなってきたら、足を止め、雲の流れを読みましょう。雨が降りそうなら雨宿りできるところを探し、嵐の前ぶれを感じたなら、安全な場所に避難をすることが大切です。

　たとえ回避ができなかったとしても、永遠に災難が続くわけではありません。そもそも「雲」は不安定なもの。やり過ごしていれば、やがて「雲」の切れ間から眩しい太陽の光が差し込んでくるはずです。

　空の移り変わりを100％予想することはできません。何かアクシデントに見舞われても、晴れた空をイメージして、時が過ぎるのを待つ――そんな柔軟さが必要であると「雲」のカードは教えてくれているのです。

✦ リーディングのコツ ✦

「雲」のカードは隣接するカードを曇らせます。「月」や「星」の持つポジティブな力を陰らせ、「太陽」の強い光さえも遮ることが。けれども状況によっては、白黒はっきりとした答えを出さないほうが良いという暗示に。「雲」で真実を覆い隠すことも選択肢に加えておきましょう。

ルノルマン・カードは、人物カード以外はリバース（逆位置）を使いませんが、「雲」のカードは例外。本書のような明るい空に浮かぶ雲と黒い雲が半面ずつ描かれている絵柄のカードの場合のみ採用します。明るい側にあるカードはその問題が解決に向かい、黒い雲側のカードはその問題はさらに深刻になると読みます。リバースになればそれが反対の意味に。この暗雲がいつ晴れるのか、それともこれから暗雲が立ち込めるのかは、どちらのサイドにあるのかによって判断を。

停止

✦ **ワン・オラクル・リーディング【一旦停止】**
・一旦停止の時期。無理に急ぐことはやめましょう。
・雲行きが悪くなります。状況判断をしっかりと。
・不安は近いうちに解消されます。

停止　　　試練、障害

✦ **出発できない。見通しが立たない**
　停止を表す「雲」の前に、さらなる障害となる「山」があります。状況は悪化の傾向。いま出発することは難しいでしょう。

停止　　障壁、険しい山　　メール、便り

✦ **通知が遅れる。情報が入らない**
　待ちわびている便りの到着を阻んでいるのは、停止の「雲」と大きな「山」。手元に届くにはもう少し時間がかかります。

停止　　「山」と「太陽」のコンビ＝偉業を成し遂げる

✦ **未発展。計画の見直し。目標が高すぎる**
　「山」と「太陽」とのコンビは大業、偉業を成すと表しますが「太陽」の力を「雲」が隠すため、発展せず計画もとん挫しそうです。

19

7 ヘビ
SNAKE
【悪行】

Keyword
悪事　邪悪　悪運　裏切り　再生　悪意　嫉妬　不正行為　鋭さ　数字の7

　進行方向の先にいるのは、鎌首を上げこちらを睨んでいる「ヘビ」。ルノルマン・カードにおける悪運と悪意、すべての悪事の象徴です。

　他者からの裏切りや偽り、嫉妬などの悪い感情が質問者に向けられる心配があります。信頼していた人が、急によそよそしくなったり、根も葉もない作り話を広めたりするかもしれません。または、人気のある異性に呼び止められたというだけで、やっかまれていることもありそうです。

　外見上からその人物の真意を見破るのはとても困難。言葉巧みに近づいてくる人、やたらとおだてて持ち上げる人には、警戒心を持って対応を。いまは立ち向かうときではありません。あくまで防御策を考えるようにしてください。

　世知に長け、自分に有利な展開を広げることができる賢い女性を指している場合もあります。その人とうまくつき合うことができれば、彼女の知恵と経験は大きな助けとなるでしょう。

✦ リーディングのコツ ✦

細長くクネクネとした体形、すべてを見透かしたような眼。神様から食べることを禁止されていた果実を、アダムとイブに知恵の実だとそそのかし「誘惑」した話はあまりにも有名。この神話から、「ヘビ」は誘惑するもの、ふしだらな人物や関係という意味が与えられました。

キーカードに近いほど、質問者に危険が差し迫っていると読むことができます。「キツネ」や「ネズミ」と隣接すれば、悪意はさらに強まることに。

散々な嫌われ者の「ヘビ」ですが、「コウノトリ」のカードが隣り合えばネガティブな象徴が変更。「ヘビ」の持つ悪い意味が、知的な女性、再生といったキーワードに変化します。

悪意

✦ ワン・オラクル・リーディング【悪行】
・何をしても空回り。時間を置いてから新たなプランを。
・覚えのないことで嫉妬されます。他人を妬んでしまうことも。
・誘惑に負けないで。うまい話には裏がありそうです。

嘘、写真　情報

✦ 誤報　嘘の情報
「鳥」が運んでくる情報には誤りや嘘が混じっています。

汚れ、汚点　情報　贈り物

✦ 下心　誘惑
贈られた感謝（花束）の言葉（鳥）には気持ちがこめられていません。美しい花束の裏側には、下心や甘い嘘の誘惑がありそう（ヘビ）。

冥界　知らせ　夜

✦ サイキックな閃（ひらめ）き　虫の知らせ
「月」は夜、「ヘビ」は冥界や闇の象徴。2枚のコンビは第六感や霊的、スピリチュアルなものを表します。表面上で交わされる言葉ではなく、直観を信じましょう。

8 棺 COFFIN
ひつぎ
【終末】

→∈ Keyword ∋←

死　末期　最後　破壊　悲しみ　腐敗　遺産　沈黙　終息　数字の8

　この世に生を受けた以上、死を拒むことはできません。「いまの状態がこのままずっと続いてほしい」と強く願っても、突然終止符は打たれるもの。そのタイミングが訪れたとき、人は深い悲しみや絶望を味わうこととなるでしょう。

　もしかすると近ごろ、何かを失い心が痛んでいるではありませんか。近づいてくる終わりを感じ、途方に暮れていることもあるでしょう。

　とても悲しいことですが、それを避けることはできません。たとえ、心残りがあったとしても、道の半ばだったとしても終わりを迎え入れるしかないのです。

　大切なものが手からこぼれてしまえば、どうしても心はそこに残ってしまいます。けれども「棺」はそれすらも手放すようにと告げています。

　すべてが終わった後には始まりが訪れます。新たな一歩を踏み出すためには終点も必要なのです。

✦ リーディングのコツ ✦

「棺」は終わりを知らせるカード。一体何が終わるのか。それは、隣り合うカードが教えてくれます。「ハート」と並べば愛情が消え、「星」と並べば目標を見失います。「山」と「棺」が組み合わさった場合は「試練が終わる」ではなく、「試練を達成することなく終わる」という意味になります。

キーカードに「棺」のカードが近いほど、痛みや悲しみは深いもの。反対にキーカードから遠ければ、悲しみは一時的なもので終わるでしょう。

また、箱やごみ箱、日の当たらない暗い場所や閉じ込める（閉じこもる）場所、腐敗したものなどを表すこともあります。

最後

✦ ワン・オラクル・リーディング【終末】
・未練は心から追い出してしまいましょう。
・終焉のときが来ました。苦しみもここで終わりです。
・一旦終わらせることができれば、新たなスタートラインに立てます。

終焉、最後　　契約

✦ 契約の取り消し。契約不履行
「指輪」は約束や契約。それらが「棺」によって終わりを迎えます。

終焉、最後　　契約　　愛情

✦ 離婚。別離
「指輪」と「ハート」のコンビで、婚約、結婚。愛の約束が結ばれますが「棺」によって幕が引かれてしまいます。

墓、墓地　　契約　　運命、使命

✦ 墓を伝承する。祭祀主宰者（さいし）
墓（棺）の契約（指輪）を宿命（クロス）として受け入れなくてはなりません。

9 花束
FLOWERS
【感謝】

Keyword

祝福 感動 慶事 喜び 贈り物 招待 花屋 飾り 美に関すること 数字の9

　花を見ると不思議と心が華やぎます。それはきっと花々が放つ芳しい香り、鮮やかな色彩の花弁が人の心を弾ませ、幸せや喜びで満たしてくれるからでしょう。

　「花束」のカードも同じ。「花束」が現れたときは、祝福される瞬間や心が満たされる場面が訪れることを示します。

　運気の上昇にも期待できそうです。ときめきを感じる異性との出会いや充実した恋愛関係、さらに結婚までの道のりが順調に進むことになるでしょう。

　「花束」のカードをリーディングするときには、花束を贈る場面や背景に注目を。誕生日やお祝いの会などの喜ばしいシーンにあふれているのは「感謝」「喜び」「充実」「順調な恋愛」「祝いごと」「美」。それがそのまま「花束」のキーワードとなっていきます。

　物質的な贈り物を指している場合もあります。心温まるサプライズが近いうちにプレゼントされるかもしれません。

✿ リーディングのコツ ✿

「花束」のカードは隣り合うカードに喜びと感謝の気持ちをプラスします。

「家」と隣り合えば家族にお祝いごとが持ち上がるでしょう。「熊」と並べば、上司から感謝されるような働きができそうです。

また、花は開花する象徴を持っているので、「本」と並べばコツコツと積み上げてきた努力や研究の成果が花開くことに。「棺」と並べば、死に対する脅えを指し、いまある幸福を失う恐怖や予兆を表すことになります。

ほかにも、花屋、華道家、園芸家などの花に関係する仕事、ネイルアーティストや美容師、エステシャン、デザイナーなど美にたずさわる職業にも結びついています。

喜び

✿ ワン・オラクル・リーディング【感謝・サプライズ】
・感謝の気持ちがこもったプレゼントが届きます。
・誰にも持ち得ない自分だけの美しさが輝く時期です。
・「ありがとう」の気持ちを言葉で伝えましょう。

サプライズ、感謝　吉報、ニュース

✿ サプライズなニュース
　感謝の品（花束）が届きます（騎士）。

祝福　　エリート、忍耐　研究、テキスト

✿ 積み上げてきた研究（企画）が評価される
　忍耐強く積み上げてきた（騎士）研究や学問、知識（本）に、祝福の花束が贈られます。

喜び　　　ニュース　　道筋、選択

✿ 喜びの道筋が見える
　いまから進む「道」には、祝福や感謝（花束）のアーチがかかります。

10 鎌(かま)
SCYTHE
【別れ・分裂】

―――❧ Keyword ☙―――

決断　分離　中断　別れ　危険　攻撃　事故　暴力　離婚　数字の10

　ルノルマン・カードに描かれている「鎌」は、穂首刈りに使われる農機具。土をならし種をまき、水や害虫に気を配り、やっとの思いで育て上げた作物は、最後に「鎌」で刈り取り収穫します。中途半端に残しておくと、その田畑は次の年に使うことはできません。刈ると決めたならスパッと切り落とす、それが「鎌」の仕事です。

　こういった背景から「鎌」は断絶や決断という意味を持ちます。順調に進んでいた計画や恋愛が、何らかのアクシデントで区切りをつけることになるかもしれません。

　さらに過去への未練や、望みの薄いことにいつまでもしがみつくことを「鎌」は嫌がります。決断するのが怖かったことから、逃げ続けるのは終わり。前へ進むために覚悟を決め、未練や執着を断ち切りましょう。

　また、危険を察知して警告を発している可能性も。浅い傷で済むよう、慎重に行動してください。

⚜ リーディングのコツ ⚜

「鎌」のカードを、ワン・オラクルでリーディングするときは、トラブルや怪我、企画や計画が中断してしまうことを表します。

複数のカードでリーディングする場合は、隣り合ったカードの内容が危険にさらされたり、分断されるという意味になります。

「船」と並んだ場合は、不意に計画がとん挫することを暗示しています。「家」の隣にあるときは家族の団結が揺らぐ心配が。家族で過ごす時間を増やして。「熊」と並んだときには、配置換えやリストラの対象となっていることがあるので、名誉を挽回しましょう。「ハート」と隣り合ったときには、愛情が引き裂かれる兆し。恋人のようすに目を光らせて。

中断

❊ ワン・オラクル・リーディング【別れ・分裂】
・順調だったことにストップが。手段の変更を。
・交通機関の渋滞や遅延の情報に耳を傾けて。
・決断するときです。後回しにはできません。

振り下ろす　権力、力

❊ 暴力。横暴
　鋭い爪を持つ大きな「熊」の前足が振り下ろされます（鎌）。

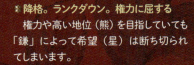
分断、断絶　強靭さ、力　目標

❊ 降格。ランクダウン。権力に屈する
　権力や高い地位（熊）を目指していても「鎌」によって希望（星）は断ち切られてしまいます。

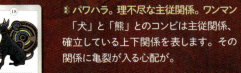
亀裂　「熊」と「犬」のコンビ＝主従関係

❊ パワハラ。理不尽な主従関係。ワンマン
　「犬」と「熊」とのコンビは主従関係、確立している上下関係を表します。その関係に亀裂が入る心配が。

11 鞭 BIRCHROD
【罰・自己懲罰】

Keyword

アクシデント　喧嘩　トラブル　争い　不和　しつけ　痛み　暴力　自己啓発　数字の11

　心や身体に痛みをもたらすトラブルを表す「鞭」のカード。喧嘩や口論を仕向けられたり、事故や怪我などの災難が降りかかってくる心配があります。

　もしかすると原因を作っているのは自分自身ということが。言動や態度で人を不快にさせていないか、あるいは危ない真似と知りつつ過信していないか、自分を再確認する必要があるかもしれません。

　また「鞭」は刑罰を与える道具。相手との関係を悪くするのが怖くて、目をつぶってきた誤りを、本人に問いかけるタイミングが来たようです。厳しいペナルティになったとしても、正々堂々と執り行いましょう。誠実な気持ちで向き合えば、相手も素直に受け入れることができるはず。

　「自分に鞭打つ」時期が訪れたということもありそう。甘えた心や自堕落な生活に心当たりがあるなら、自ら厳しく喝を入れ気持ちを引き締めましょう。「愛の鞭」を打つ人物が登場した際にも、叱責や小言はありがたく頂戴してください。

☙ リーディングのコツ ❧

　「鞭」が出たときには、トラブルを防ぐチャンスがもらえたと喜ぶのが正解。カードの警告に従えば、災難からの回避がかないます。
　隣接するカードに「家」があれば、暗示しているのは家庭内のトラブル。騒動に発展するまえに家族の気持ちに寄り添って。家族全員の体調面にもしっかり気配りを。
　「手紙」のカードと並んでいれば、メールの配信ミスや伝えたい内容に漏れがある心配が。「騎士」と並んでいれば交通事故に厳重注意。「魚」と並ぶようなら、お金に関するトラブル勃発。仲が良くても借金の申し込みは断固拒否して。
　トラブルの大きさは、事前の心がけ次第でいくらでも小さくできます。

痛み

❈ ワン・オラクル・リーディング【罰・自己懲罰】
・イライラは衝突の元。心に余裕を持って。
・ストレスが溜まっています。趣味やスポーツで発散を。
・ゆるんだ心に鞭打ち、気持ちを引き締めましょう。

トラブル　道路、道のり

❈ 交通トラブル。工事現場。いばらの道
　進むべき「道」の先にトラブル（鞭）があります。困難や苦難の多い人生となりそう。

トラブル　道のり　終焉、最後

❈ 行き詰まる。先が見えない
　信じて進んできた道ですが、トラブル（鞭）が多く、進むことができなくなるでしょう（棺）。

苦難、痛み　道のり　試練

❈ 険しい試練。抜け出せないスランプ
　苦難（鞭）の道のり、終わりはまだまだ先（山）です。さらなる試練を乗り越えなくてはなりません。

12 BIRDS | 鳥
【コミュニケーション】

---————※❦ Keyword ❦※————

コミュニケーション　会話　おしゃべり　情報　インターネット　SNS　歌　楽器　噂　知恵　数字の12

　「あっちに美味しい木の実を見つけたよ」「もうすぐ雨が降りそう」「天敵がたまごを狙っているから気をつけて！」。仲間との位置確認、求愛行動や縄張り宣言、気象の変化にいたるまで、鳥たちは鳴き声を多種多様に変化させ、多くのことを伝達しています。それは、情報交換こそが、厳しい自然を生き抜く手段だからです。

　わたしたちにとっても情報は何よりの力。いま質問者を成功へと導いてくれるヒントは、他者からもたらされるニュースや会話の中にあるようです。

　アンテナを広げ、情報収集に努めましょう。恋人、友人、同僚や上司、周囲と密接なコミュニケーションをとり、「鳥」の知恵を生活に取り入れてみてください。

　また、宗教的に「鳥」は特別視されています。それは、地上と天との間を自由に飛び回る「鳥」が、神からの神託を伝える重要な役割を果たしていたためです。進退を占う場面で「鳥」のカードが現れたのなら、天から警鐘が鳴らされている暗示。胸のざわつきは気のせいではないようです。

✣ リーディングのコツ ✣

「鳥」のカードは携帯電話、スマートフォンやパソコン、メールやLINE、インターネットやSNSと、ありとあらゆる情報交換ツールを示しています。

どのようなコミュニケーションや情報がポイントとなるのかは、隣り合うカードで知ることができるでしょう。

「船」と並べば、海外旅行の口コミサイト。「樹木」と並べば、健康や癒しに関する情報や自然についての知識。「道」の隣にあれば交通情報に。「ヘビ」や「キツネ」と並んでいるのなら嘘の情報、悪い噂を意味します。

また、あの美しいさえずりから、音楽や歌、楽器にも例えることができます。

情報

✣ ワン・オラクル・リーディング【コミュニケーション】
・ひとりで判断しないこと。たくさんの人の意見を聞いてみて。
・もっと調査が必要。情報量が足りていないようです。
・友達とのおしゃべりでストレス発散。お茶に誘ってみては？

情報　損失、盗難

✣ 情報の漏洩
情報（鳥）は、「ネズミ」によって盗まれてしまいます。盗まれた情報は瞬く間に拡散するでしょう。

風評　病原体　健康

✣ 感染病の流行。感染
「ネズミ」のキーワードである病原体（ウィルス）に健康を表す「樹木」が汚され、さらに風（鳥）によって拡散します。

情報　拡散、蔓延　悪意

✣ 悪い噂が広がる。陰口をきかれる
拡散する（ネズミ）情報（鳥）には、悪意（ヘビ）があります。悪い噂や陰口が知らぬ間に広がっていそうです。

13 子供
CHILD
【新しい出来事】

―― Keyword ――

新しい　始まり　入学　新入社員　初心者　幼少時代　幼さ　無邪気　未熟　数字の13

　「子供」のカードは、絵柄どおりに、子供や幼年時代を指す以外に、これからスタートする新しい出来事を表していることがあります。

　新学期、新入学、新入社員、新しい職場、始めたばかりの勉強や趣味など、まだまだ完成には遠くすべてが始まって間もない状態です。

　スタートラインに立ったばかりのときは、希望と可能性にあふれ、芽吹く若葉のように勢いがあります。どんなことにもチャレンジしてやろうと期待に胸も躍っているはず。

　周囲の人々もあたたかく成長を見守ってくれています。周りからの教えやアドバイスを素直な気持ちで受け入れることで、ぐんぐん成長できるでしょう。

　けれども「子供」はまだまだ未熟。未熟であるがために周囲への配慮ができません。自己中心的な態度や相手の気持ちを考えない幼稚な言動で、大切な人を深く傷つけてしまうことも。わきまえるポイントをきっちり抑えた行動を心がけましょう。

❈ リーディングのコツ ❈

隣り合うカードで新しく始まっていく事柄がわかります。

「本」と並んでいれば、新しい学問やスキルアップのための勉強の始まりを。「船」の隣にあれば新たな挑戦。「塔」と並んでいれば、幼稚園や小学校など学びの場を指すことも。

また、子供や親子関係に不安を抱いているのなら、解決策は隣接するカードに出ています。「鳥」と並んでいれば、親子の時間を増やし話し合う機会を設けましょう。「子供」の可能性を信じ、成長を見守って。

子供のままでいたい、子供のころに戻りたい、昔を懐かしみいつまでも過去を引きずっているといった質問者の心理状態を表す場合も。

新規

❈ ワン・オラクル・リーディング【新しい出来事】
・子供と過ごす時間を増やして。子供から学ぶことがあります。
・いままでのやり方ではなく、新しい視点で考えてみましょう。
・理屈ではなく、素直な気持ちが大切です。

新しいこと　目標

❈ 新しい目標
「星」のキーワードは、目標や指針。コンビネーションで新たな目標が立ち、人生のスタートラインを迎えると読みます。

新しいこと　目標、願望　チャレンジ

❈ 新しい目標に向かってチャレンジする
「子供」と「星」の「新しい目標」に「船」のチャレンジが加わるため、新しい目標に挑むことになるでしょう。

新しいこと　目標、願望　学問

❈ 新しい目標に向かって学び始める
「子供」と「星」の「新しい目標」には、「本」のキーワードである学びが必要となります。新しい目標を達成するにはまず学ぶことから。

14 キツネ
FOX 【偽り・たくらみ】

Keyword

偽善　詐欺　陰謀　詐欺師　嘘つき　ライバル　研究者　探求心　賢い人物　数字の14

　水草を頭に乗せて、水鳥の側までそっと泳いで近づき、突如襲いかかる。その日に食べきれなかった獲物は土に埋めて保管——これは「キツネ」の狩りのよう。これらの習性から見えてくるのは「キツネ」の自然界を生き抜くしたたかさです。

　神話や寓話の中の「キツネ」もたくましさにあふれています。いつも言葉巧みに主人公を騙して、自分を有利に導く食わせ者です。

　気づかぬうちに、頭の回転が速くズル賢い「キツネ」のような人物が近づいてきています。甘い言葉や儲け話にはわなが仕掛けられているよう。策略にまんまと落ちないよう、隙を見せないようにして。どのような情報も、まずは疑って慎重に対処しましょう。

　ライバルの出現を表している場合もあります。このライバルは一枚も二枚も上手。ターゲットを横からさらわれないよう、しっかりと目を光らせてください。

　いつも獲物の側でいる必要はありません。「キツネ」のように賢く立ち回ることも、ときには不可欠。こちらから策をめぐらし敵を出し抜きましょう。

❊ リーディングのコツ ❊

　カードが指すライバルたちは百戦錬磨の兵ばかり。周囲のカードに助けてもらいましょう。「犬」が近くにあれば、チーム戦で相手に吠え面をかかせられそう。「熊」の近くなら、手を差し伸べてくれる上司や先輩の登場で一発逆転がかなうでしょう。
　もたらされる被害も、隣り合うカードで事前にわかります。「ネズミ」と並べば嘘や搾取によって損害を被ることが。「ハート」の隣にあれば恋敵にやきもきさせられるかも。

　特定の人物像を示すこともあります。「太陽」と隣り合うと、研究者や若い学者、その道のエキスパートを目指す人物や志の高さを表します。

偽り

❊ ワン・オラクル・リーディング【偽り・たくらみ】
・うまい話には落とし穴が。それは詐欺かもしれません。
・優しい言動は善意から出たものではなさそう。偽善に注意。
・中途半端に終わらせず、とことん追求しましょう。

偽り　　盗難、損失

❊ 嘘つき、詐欺師の出現
　だまそうとしたり、陥れようとしたりする人物が現れます。詐欺に引っかかるかもしれません。

偽り、見栄　　盗難、損失　　情報

❊ 誇大広告
　その情報は、実際以上に大げさな（キツネ・ネズミ）広告（鳥）です。あたかも優れているように見せかけています。

偽り　　盗難、損失　　お金

❊ 無計画な浪費、お金の損失
　浪費癖やギャンブルで無計画なお金を使ってしまいそうです。怪しい投資話（キツネ・魚）にすぐ飛びつくと大損（ネズミ）するので注意。

15 熊 BEAR
【支配者・権力】

Keyword

力　母性　権力者　目上の人　支配者　地位　地位の高い人物　圧倒　身体の大きな人物　数字の15

　驚異的なパワーと凶暴性を持つ「熊」。その爪や牙から放たれる攻撃力の高さや見上げるほどの身体の大きさは、見る者を震え上がらせます。「熊」は絶対的な森の王です。

　質問者はこの森の王のような強さとリーダーシップを周囲から求められています。人々の期待に応え、先頭に立ち行動しましょう。その統率力が信頼を勝ち取り、いずれ高い地位や名誉、権力を獲得できるはずです。

　けれども、強い力は誤って使うと横暴や独裁につながります。もともと「熊」は寒い冬をじっと耐え忍んで春を待つ、忍耐強い動物。攻撃的に相手を威圧するだけでなく、ときに一歩引き、根気よく取り組むことにもチャレンジを。力強さ、統率力に加え、寛容な心を持ってこそ、真の王者になれるのです。

　「熊」のカードは信頼できる人物も表しています。悩みごとは、上司や恩師、目上の人に相談してみましょう。人生経験豊かな彼らはきっと、親身になって有意義なアドバイスをしてくれるはずです。

※ リーディングのコツ ※

　隣り合うカードによって「熊」の持つ力や権力が大きく変化します。

　「鎌」や「鞭」などの痛みを伴うカードなら、暴力的、横暴、パワハラ、モラハラなど、ネガティブな意味合いに。「塔」と並べば、伝統を受け継ぐ職人や職場の上司、恩師を指すことに。「犬」や「キツネ」の隣にあるなら、主従関係や上下関係に厳しい人物や職場などの環境を表しています。

　また、「熊」は発達した母性愛を持っているとされていることから、母親や母性本能の強い女性を表すことも。「ハート」と隣り合ったのなら、好きな人からすべてを許してくれるような母性愛を望まれているのかもしれません。

権威

❖ ワン・オラクル・リーディング【支配者・権力】
・仕事上の悩みは、上司に相談。良いアドバイスがもらえそう。
・いままでの努力が認められ、応援してくれる人が現れるでしょう。
・周囲からリーダーシップを望まれています。

権力、主　　家庭

❖ 一家の主　大黒柱
　家の中で一番の権力者（熊）を表します。

権力、主　　家庭、家族　　成長、繁栄

❖ 家（一家の主・一族）が繁栄する
　「樹木」のキーワードである成長、繁栄が加わり、壮健な一家の主が一族を盛り立てると読みます。

暴力　　家庭、家族　　喧嘩、アクシデント

❖ 家庭内の不和。家庭内暴力。DV
　一家（家）の中で、暴力的（熊）な不和（鞭）があることを表します。

16 STARS | 星 【導き】

---- Keyword ----

目標　願望　憧れ　導き　注目　人気　到達点　センス　アイドル　数字の16

　流れ星に願いをこめて、希望の星に期待を寄せて、道に迷ったらシリウスを目指し、人生に迷ったら占星術で星を読む。夜空に輝く星々は、古の時代からわたしたちをずっと見守り、導いてきてくれました。

　いままさに質問者の頭上には、キラキラと「星」が輝いています。夢が実現するチャンスの到来です。これまでに意欲的にチャレンジしていることがあるならゴールはすぐ。いっきに駆け抜けましょう。

　たとえ、現在夢や目標がなかったとしても、「星」のカードの導きで、進むべき方向が見えてくるかもしれません。方向が授けられたのなら、その「星」に向かって、歩み出してみてください。またたきは消えることなく、行路をまっすぐ照らしてくれるはず。

　また、誰もが驚く発想やセンスの良さで、一目置かれるシチュエーションが訪れそうです。これまで眠っていた本来の力が発揮されるのでしょう。スターへの階段を昇ることになるかもしれません。

✦ リーディングのコツ ✦

質問者のどこに視線が注がれ、どんなシーンで人を惹きつけるのか。それは、隣り合うカードが教えてくれます。「花束」と並べば、美しさやファッションセンスに脚光が当たり、「庭園」と並べば、パーティやサークルで人気者になります。

「星」のカードの導き、目標といったキーワードを採用することも多いです。

「船」と並べば、目標が定まりゴールに向かって前進し、「道」と並べば輝く未来へと続く道が見えてくるでしょう。

けれども、「雲」のカードが隣接する場合は要注意。「星」が「雲」に隠れることで夢はかなわず、希望が断たれてしまう心配が。そんなときには焦らず雲行きを見守ってください。雲が晴れれば、また前進すれば良いのですから。

目標

✦ ワン・オラクル・リーディング【導き】
・人気運アップ。みんなの憧れの的に。
・夢や希望が叶うチャンス到来です。
・いままでの迷いが消え、進路が定まるでしょう。

目標、希望　選択、道筋

✦ 理想を選ぶ。目標が定まる
　人生の目標や希望（星）への道筋（道）が定まります。望み（星）どおりの選択（道）ができるでしょう。

脚光、人気　選択　予知、予見

✦ 先見の明がある
　将来的に脚光を浴びる事象に（星）先に目をつけ（月）発掘、選択（道）することに。流行の先端をいちはやくつかむでしょう。

目標　道のり　試練、障害

✦ 目標への道のりは険しく長い
　目標（星）が定まっていても（道）その先には、試練の「山」が立ちはだかっています。目標達成には時間がかかるでしょう。

17 コウノトリ
STORK
【移動・変化】

―≫ Keyword ≪―

移転　移動　変化　引っ越し　改革　妊娠　出産　新しい家族　躍進　数字の17

　デンマークやオランダでは「コウノトリ」が家の屋根に巣を作れば幸福が訪れ、農家の屋根になら実り多き年となり、家畜舎の上になら家畜が多産になるという言い伝えがあります。

　また、長いくちばしで赤ん坊を運び一家に幸せを運んでくるという物語は、世界中で知られているほど有名です。

　ルノルマン・カードの「コウノトリ」が運んでくるものも多くが吉事。それもこれまでの生活や価値観がガラッと変化する兆しが届けられます。

　心のうちでは考え方や意識が変わる出会いがあったり、古い習慣を見直したりと、自分から行動し改革を思い立つタイミングが訪れるでしょう。

　目に見えるものでは、引っ越しや転校、転勤などの住環境、または部署の配置転換や店舗の移動といった仕事や職場の環境、はたまた妊娠や死別などの家族構成などに変化が出てきます。いずれにしても、質問者の周辺が大きく変わることが予想されます。

　新しい風が吹く、その真っ只中に質問者は置かれることとなるでしょう。それは変化を望まなかったとしても、必ず起きるに違いありません。

✤ リーディングのコツ ✤

　どんなものが運ばれ変化していくのかは、隣り合うカードが教えてくれます。
　「船」と並べば、海外への移転や留学、長期の旅行の話が持ち上がるかもしれません。「子供」のカードと並べば妊娠、出産、転校につながることが身の回りで起きるようです。
　また「コウノトリ」は「ヘビ」の天敵であることから、「ヘビ」のカードのネガティブな意味を消すという効果も。再生または復活するという意味に転じるため、運が盛り返してくるかもしれません。
　ただし、「鎌」や「棺」などのネガティブなカードが近くにあるときは、「喜びが絶える」「衰退の一途」と、思わしくない変化となります。

✤ ワン・オラクル・リーディング【移動・変化】
・引っ越し、移転、転校など、移動があるかもしれません。
・身内や家族から、妊娠の知らせが入るでしょう。
・環境が良い方向に転じていきます。

移動

✤ 長期の出張。海外旅行
　海外（船）への移動（コウノトリ）を表します。

移動　　渡航、旅行

✤ 留学。語学研修
　海外への移動の理由は学ぶこと（本）にあります。留学を打診されるかもしれません。

移動　　渡航、旅行　　学問

✤ 旅行の延期。スケジュールの見直し
　移動（コウノトリ）の足（船）を、「雲」が止めてしまいます。計画していたことが足止めされるでしょう。

移動　　前進、出発　　一旦停止

18 DOG 犬 【仲間・信頼】

Keyword

友情 友人 信頼 信用 従順 忠義 年下の男性 気弱 大口を叩く 数字の18

　疑うことを知らない澄んだ瞳、見返りを求めない忠誠心。飼い主と深い絆を結んだ犬は、家族のような存在です。

　「犬」のカードは、心許せる味方がそばにいることを教えてくれています。質問者がどんなにつらく困難な状況にあっても、ひとりではありません。見渡せば、必ず友人や仲間がいるはずです。自分ひとりで解決しようとせず、信頼できる人に相談を持ちかけてみましょう。

　あるいは質問者の近くに悩みを抱えている人がいるのかもしれません。その人に寄り添うことで、信頼関係が築かれ、喜びも悲しみも分かち合う仲へ発展することになりそうです。

　ただし、ここまでお伝えしたのは飼いならされた「犬」としての側面。人との情が通っていない野生の犬は、人を襲い嚙みつくことがあります。そういった凶暴な性質を持つことから「犬」の象徴には「短気」「うぬぼれ」「警戒心」などの一面が。信頼関係が築かれていない相手には要注意。差し伸べた手をいきなり嚙まれてしまうかもしれません。

❖ リーディングのコツ ❖

「鎌」や「ヘビ」などのネガティブなカードに隣接していれば、仲間や友との信頼が失われ、対人関係が悪化することを示します。「塔」と並んでいれば孤独や疎外感を感じる心配が。「熊」と並んでいれば上下関係を相手に認めさせる必要性が出てきます。「鞭」の隣にある場合は、相手を「服従させたい」「優劣をつけたい」といった考えが強くなるでしょう。

また、「犬」のカードはペットのキーワードも持っています。愛犬や愛猫の気持ちや状態を占うときに、キーカードとして使用してください。

誠意

❖ ワン・オラクル・リーディング【仲間・信頼】
・友達や仲間との楽しい時間が過ごせます。
・問題解決には、親しい人の助けが必要です。
・人間関係を良好に保つには、まずは相手を信じることから。

「キツネ」とのコンビ＝ライバル

❖ ライバル。競争相手
　猟犬は「キツネ」を追う立場。「犬」と「キツネ」のコンビでライバルや切磋琢磨できる相手を示します。

「キツネ」とのコンビ＝ライバル　　悪意

❖ 仲間の裏切り
　競争相手（犬・キツネ）には悪意や嫉妬（ヘビ）があります。足の引っ張り合いになるかもしれません。

「キツネ」とのコンビ＝同僚、ライバル　　鬱、孤独

❖ 疑心暗鬼になる
　職場やグループ（犬・キツネ）など周囲との関係になかなか馴染めません（月）。自己中心的になり、孤立（月）するでしょう。

19 TOWER 塔 【国家・伝統】

>>❀ Keyword ❀<<

国家　公的　法律　ルール　行政　建物　職場　救済　継承　数字の19

　タロット・カードの「塔」や「神の家」が持つネガティブな意味をご存知の方は、ルノルマン・カードの「塔」のカードを手にしても落ち着かない気持ちになるかもしれません。でも安心してください、ルノルマン・カードの「塔」のカードは、法律や政治、市町村や国家といった、公的なものを意味しています。

　質問者が離婚などの争いごとに悩んでいるときに、「塔」のカードが現れたなら、弁護士を介すなど法的な手段を講じることで立場を強いものにできるでしょう。

　ほかにも伝統行事や古くからの慣例、老舗の技などの継承・伝承を指す場合があります。何世代も続く旧家や何代も暖簾（のれん）を守り抜いてきた老舗は世俗に流されず、人が守り大切に継承してきたもの。受け継がれてきたやり方は、この先も続いていくことになるでしょう。

　もしかすると、時代に取り残されているような環境に居心地の悪さを感じているのかもしれません。ただ、いまは声をあげたとしても、一新することは難しいようです。

✦ リーディングのコツ ✦

建物という視点からリーディングするときは、隣接するカードのキーワードが建物の種類を教えてくれます。

「船」と並ぶと大使館や外資系の企業。「樹木」のカードと並ぶと病院や保養所。「子供」と並べば保育園、幼稚園、小学校。「魚」と並ぶと銀行や水族館。「星」と並べばプラネタリウムなどを表します。

また、次世代に引き継ぐという意味合いも持っているため、結婚相手や恋人をリーディングした場合に現れたのなら、相手は古風な考えの持ち主で、家庭環境は昔ながらのしきたりが残っている、あるいは代々続く家柄と推測できるでしょう。

ルール

✵ ワン・オラクル・リーディング【国家・伝統】
・地盤固めをしっかりと。事前準備は手を抜かずに。
・個人で立ち向かうのには限界が。法的な手段で解決を。
・古くからの慣習にならいましょう。

建物　　　癒し、健康

✵ 病院。サナトリウム。保養所
　健康や癒しを表す「樹木」と建物を表す「塔」のカードのコンビで病院、保養所、サロンなどを示します。

建物　　繁栄、成長　　仕事

✵ 事業拡大
　「錨」と「塔」で、会社や職場。そこに成長や繁栄を表す「樹木」が加わることで更なる事業の発展や拡大と読み取れます。

建物　公認　国立　「樹木」と「手紙」のコンビ＝検査結果、カルテ

✵ 診断結果
　「樹木」と「手紙」でカルテ、検査結果を表します。「塔」が加わると、人間ドックや入院検査の結果に。

20 庭園 PARK
【集会・交流】

>>>>> Keyword <<<<<

人が集まる場所　会場　遊園地　公園　サークル　パーティ　カルチャースクール　交流　社交　数字の20

　パーティや飲み会、コンサートや音楽フェスティバルなど、心躍るイベントへお誘いの声がかかりそうです。笑い声が集う華やかな場所では、新しい発見や刺激が待っているはず。多くの人との遭遇の中に、今後の人生を左右する出会いがあるかもしれません。

　「庭園」のカードが現れたなら、早速出かける準備にとりかかりましょう。また、イベントの主催者やパーティの幹事を進んで引き受けると、後日特別なご褒美が期待できそう。

　想い人がいるなら、デートに誘われる可能性が。もちろんこちらから誘ってみるのも有効です。そのデートがきっかけとなり、ふたりの仲がひとつ前進するでしょう。

　「公園」「遊園地」「広場」といった場所そのものを指すことも。そこにはインターネット上の掲示板やコミュニティー、オンラインゲームなども含まれます。人々が楽しみを持って参加する場所をまとめて「庭園」のカードが担っているのです。

✤ リーディングのコツ ✤

「庭園」のカードは、サークル活動、クラブ活動、合コンや婚活パーティなど複数の人が集まる場所を指しています。そのような場所に出向いたときの質問者の気持ちや立場は、隣り合うカードで明らかに。

「星」や「花束」といった華やかなカードと並べば会の中心人物として注目され、「鳥」のカードと並べば、楽しい会話や良い情報を得られるでしょう。

けれども、「棺」と隣り合わせになると集団の中で孤独を、「鎌」と並べば社会から切り離されたような疎外感を感じます。ネガティブなカードと並んだら、外出を延期して計画の見直しを。

集い

❖ ワン・オラクル・リーディング【集会・交流】
・イベントに積極的に参加して。素敵な出会いがありそう。
・サークル活動やお茶会などで楽しい時間が過ごせます。
・人に喜んでもらえるパーティを企画しましょう。

イベント、パーティ　喜び、楽しみ

❖ 楽しいイベント
　人々が集う場所（庭園）に、喜びや感謝の気持ち（花束）が加わり、謝恩会、感謝祭、楽しいパーティとなります。

イベント、パーティ　華やか、楽しみ　案内状

❖ 楽しいイベントへ招待される（招待する）
　楽しい集いへの案内状（手紙）が届きます。こちらから送付する案内状を指すことも。

集い　喜び、楽しみ　分断

❖ 仲間はずれ
　楽しい集いから、切り離されて（鎌）しまいます。集団の中で孤立する可能性が。

21 MOUNTAIN

山
【障害・向上心】

Keyword

スランプ　試練　障害　壁　高い目標　延滞　忍耐　向上　頂上　数字の21

　「山」のカードが知らせているのは、乗り越えなくてはならない試練と障害の訪れ。人生は決して平たんではなく、打ち克つべき苦難がつきまといます。けれども、進む前から諦めてしまえば、成長はそこでストップ。人としての向上に目の前の「山」は欠かせないものなのです。

　山の尾根が高ければ高いほど、頂上を制覇したときの清々しさと感動は言いつくせないものがあります。そこからの絶景は、山を制した者しか見ることができません。輝かしい未来を手に入れるために勇気を持って、山を越えていきましょう。

　「山」は高さのシンボル。標高の高い山ほど天に近づくことから「高みを目指す」「飽くなき追求」「頂点を志す」といった、向上心を表す意味合いもあります。

　また、「山」「登山」「山里」など絵柄どおりにリーディングする場合も。日常の忙しさやストレス解消のために、山へのハイキングや散策をカードが勧めてくれているのかもしれません。

☆ リーディングのコツ ☆

「山」のカードが指す試練や障壁、スランプが超えられるものなのか、途中で断念せざるを得ないものなのか。これらは、隣り合うカードが教えてくれます。

「本」と並べば難しい学問や勉強、学力の遅れに悩む可能性が。「雲」と並んだら、無理して進まず一旦停止し運気の回復を待つのが正解です。「棺」と並べばギブアップが早々にやってきそうですが、「船」が近くにあるのなら障害は乗り越えられるでしょう。「道」と並べば希望の学校や企業の難関さに頭を抱えることになるかもしれません。「太陽」と並べば、高い目標も達成できるとリーディングできます。

試練

❈ ワン・オラクル・リーディング【障害・向上心】
・苦労せずして成長はありません。地道な努力を。
・向上心を持って取り組めば、必ず評価されます。
・現状に満足しないで、高い目標を持ちましょう。

「樹木」とのコンビ＝永続的

❈ 時間をかけて育てる
山は樹を抱き、樹は山に潤いと命を授けます。「山」と「樹木」のコンビは、長い年月をかけ、作り上げられるものを表しています。

「樹木」とのコンビ＝浄化、癒し　　幸運

❈ 充実した生活を送る
樹々が生い茂る森林（樹木）と癒しと浄化の空間（山）。そこに、幸運の「クローバー」。3枚の緑豊かなトリオは、健康な毎日や生活が潤うことを表します。

「樹木」とのコンビ＝永続的　　一旦停止

❈ スランプからなかなか抜け出せない
雨（雲）は樹々（樹木）に命を与えますが、降り続くと地崩れや土砂崩れを起こします。また、荒れた天候のときに登山は危険です。この試練を乗り越えるには時間がかかるでしょう。

22 PATHS
道
【選択】

※ Keyword ※

選択　人生の岐路　ターニングポイント　道しるべ　分岐点　高速道路　レール　地図　ナビゲーション　数字の22

　そう遠くない未来に、重大な選択を迫られたり、人生の分岐点に立たされることになりそうです。

　右に行くのか左に行くのか、コインを投げて決めてみようか。行き当たりばったり、そのほうが人生面白いのではないかしら。そんな気持ちになることもあるかもしれません。

　けれども「道」のカードが出たときには、自分自身で選択し決断することが求められています。もちろん前進するだけが正解ではなく、戻るもよし、別の道がないものかしっかりと調べるもよし、シミュレーションを繰り返し、後悔のない道を自分で選び取ってください。

　また、いつまでも答えが出せずに悩んでいるときにも、ひんぱんに現れるカードです。選択肢がいくつもあり選べない状況になっているのなら、スタート地点に戻り、自分が何を目指して進んでいこうとしていたのかを思い出しましょう。

❖ リーディングのコツ ❖

「道」のカードは、「道が開ける」「道ならぬ恋」「わが道を貫く」といった生き方や流儀を表すことが大半です。

選択すべき道がどのようなものなのかは、隣接するカードに現れます。「山」と並んでいれば、困難な山道を行くことになるでしょう。「雲」と並んでいれば、指針や目標に迷いが生まれ、誤った選択をしてしまいそう。「花束」や「星」などのポジティブなカードが並んでいれば、選んだ道に間違いはなく、輝く未来に向かって進むことができるはず。

「道」のカードを「道路」「通り」「通路」と読む場合、「鎌」「鞭」と並ぶと交通事故や工事による足止めの心配が。時間に余裕を持って行動したほうが良いでしょう。

分岐点

❖ ワン・オラクル・リーディング【選択】
- 難しい選択を迫られます。熟慮してから決断を。
- 選択肢が多くありませんか？　材料を集めて絞り込んでみて。
- 一旦進むと決めたなら、自信を持って踏み出しましょう。

選択、道筋　エリート

❖ 道を究める
自ら選んだ「道」を究め（騎士）ます。

選択　運搬　ヒント

❖ 解決へのヒントを得る
目の前にある選択（道）に悩んだとき、選ぶべき扉の「鍵」を「騎士」が運んでくれます。

選択、道のり　運搬　詐欺

❖ 誤った情報で遠回りさせられる
「騎士」が運んでくるニュースは嘘や偽り（キツネ）の情報が混じっています。間違った地図で「道」に迷ってしまうかもしれません。

23 ネズミ
MICE
【損失・損害】

Keyword

損失　盗難　病気　ウィルス　忘れ物　悪い噂　感染　不潔　小動物　数字の23

　わたしたちの知らないうちに、ごく近くに小さな黒い影が潜んでいたようです。

　大切にしているものを、こっそり奪う「ネズミ」。戸締りや通帳の管理、すべてのセキュリティを強化し、外からの侵入者に注意してください。スリや置き引きなどの被害も心配です。別のことに気をとられ、うっかり忘れ物や落とし物をしてしまうなんてことも。しばらくは緊張感のある生活を。

　また、盗まれるものは宝石や金品とは限りません。信頼や実績をかすめ取られたり、恋人を誘惑されたりする可能性も。「ネズミ」の入る隙を作らないよう気を引き締めましょう。

　「ネズミ」は復讐心の強い動物の象徴でもあります。良かれと思ってアドバイスしたはずなのに、受け取る側から逆ギレされたり、口答えされることがありそうです。タイミングによっては見て見ぬふりをするという選択を。

✦ リーディングのコツ ✦

警告を発する「ネズミ」のカードの隣に「船」が現れたなら、いまの状況からいち早く逃げ出しましょう。これは「ネズミがすべて逃げたら、船が沈む」とう船乗りたちの言い伝えから端を発しています。

「魚」と隣接したら、お金や資産を奪われる心配が。「犬」と並べば信頼を、「星」と並べば人気を横取りされてしまうかもしれません。

また、「ネズミ」はウィルスも運んできます。「鳥」と並んだらコンピューターウィルス、「樹木」と並んだら感染症や病気に注意して。

ネガティブなカードではありますが、恐れる必要はありません。「ネズミ」の存在に気づき、対処と予防をすれば害を受けることはないでしょう。

被害

❈ ワン・オラクル・リーディング【損失・損害】
・紛失、盗難、落とし物に注意しましょう。
・風邪や感染症の病気に気をつけて。予防対策をきっちりと。
・悪い噂に振り回されないように。自分の目と耳を信じて。

盗難、損失　時間

❈ 遅刻する
「鎌」のカードには、時間に関係するキーワードがあるため、時間（鎌）を損失（ネズミ）することから、遅刻、遅延と読み取ります。

盗難、損失　分断　便り

❈ メール、便りがない
メールや便りが「ネズミ」に盗まれ、「鎌」で切り刻まれています。迷惑メールのフォルダに入っていたり何らかのアクシデントが発生しているようです。

盗難、損失　分断　健康

❈ 疲労困憊
健康・体力（樹木）を「ネズミ」が盗み、気力を取り戻そうとても「鎌」がやる気を断ち切ってしまいます。

24 HEART
ハート
【愛情】

===≫ Keyword ≪===

愛情　情熱　恋心　恋愛　ときめき　夢中　感情　心臓　心理　数字の24

　ときめく恋に、胸躍るロマンス。長年連れ添った夫婦が築き上げた熟年愛。強い絆で結ばれた親子の愛情。信頼でつながる厚い友情。「ハート」は、恋愛、夫婦愛、親子愛、友情など、この世界にあるすべての愛を表すカードです。

　現在、恋人がいる人はとても良い相性。お互いを大事に想う心が育っています。これから、ふたりの愛はさらに深まっていくでしょう。

　片思いの相手に告白するなら、恋愛運が上昇中のいまがベスト。良い返事をもらえる好調の波が来ています。

　まだパートナーがいない人も恋のチャンスは、すぐそこに。この巡り合わせは大いに期待できそうです。

　「ハート」のカードは、特定の愛情だけではなく、優しさと思いやりを表すこともあります。質問者の持ついつくしみの心と、人の気持ちに寄り添う姿勢が、周囲の人々に穏やかさをもたらしているようです。この先も、そのあたたかさを手放さないでください。いずれ廻り廻って、自分のもとに何倍にもなって返ってくるでしょう。

❈ リーディングのコツ ❈

「ハート」のカードは、愛のカード。その愛がどのようなものなのか、またどのように状況を生み出していくのかは、隣り合うカードで見極めましょう。

「雲」と隣り合っていれば倦怠期や疑心暗鬼に見舞われます。「山」と並べば試練の多い恋愛や遠距離恋愛に。「指輪」と並べば婚約や幸せな約束を表します。「ユリ」が並んだのなら、自らの良心に従ってください。

キーカードから遠くに「ハート」があるよ うなら、その愛が手元に届くには時間がかかりそうです。

高血圧や低血圧、血行の良し悪し、心臓にかかわることも「ハート」でリーディングします。

愛しい心

❈ ワン・オラクル・リーディング【愛情】
・愛情運がアップします。恋のチャンスを逃さずに。
・愛されていることを確信。心からの満足を得られるでしょう。
・片思い成就のチャンス。思い切って告白を。

愛情　　　　　使命、運命

❈ 運命の愛。博愛主義
愛情を表す「ハート」と、運命、宿命を表す「クロス」とのコンビで運命の愛。また博愛（ハート）と思想（クロス）から博愛主義を指すことも。

愛情　　　　　運命　　　　　資産、財産

❈ 寄付。支援。義援金。募金。基金
救済や支援（ハート・クロス）に心が動くと読みます。慈善事業に財産を使ったり、寄付を頼まれるかもしれません。

愛情　　　　　運命　　　　　霊感、スピリチュアル

❈ ヒーラー。カウンセラー。霊能者
霊感やスピリチュアルな感性（月）を生まれながらに持ち（クロス）、それらの力を使った仕事に就く可能性があります。

25 指輪
RING
【契約】

>>> Keyword <<<

契約　約束　婚約　誓い　合意　パートナーシップ　貴金属　アクセサリー　宝石　数字の25

　ふたりの愛を結びつける誓いの指輪。仲間との絆の証のチームリングやカレッジリング。誇りある騎士の身分を表す紋章入りの指輪。「約束」「契約」「絆」「証明」、「指輪」は人と人をつなぎ合わせます。

　ごく近い未来に、質問者は大切な約束や契約を結ぶことになりそうです。恋愛なら「指輪」はまさに、婚約指輪や結婚指輪となり、恋人と永遠の愛を誓う約束を交わすことになるでしょう。ビジネスに関するシーンなら、好条件で契約をとりつけたり、あるいは希望の企業に内定をもらえる可能性があります。

　けれども、視点を変えれば約束や契約は「束縛」にもなりかねません。どんなに良い条件でも、熟考を忘れずに。その場の雰囲気で、簡単にサインするような軽率なことは避けてください。

　良好な関係を保ち続けるには、お互いの気持ちや条件の一致が何よりも大切。「こんなはずではなかった」と後で悔やむことがないよう、充分納得したうえで約束を交わしましょう。

☽ リーディングのコツ ☾

　これからどんな約束や契約を結び、どんな絆が生まれ、何を証明していくのかは、隣り合うカードが教えてくれます。
　「錨」と並べば堅実な契約、または仕事上での契約。「庭園」と並べば楽しいパーティ、飲み会の開催やデートの約束をすることになるでしょう。
　「ヘビ」や「鎌」などのネガティブなカードが近くにあるときは要注意。人に対しての不信感が生まれ、婚約が破談に、結婚が離婚に、仕事上の契約は不履行へと発展する心配も。
　また、絵柄のとおり、貴金属品、宝飾品、宝石、アクセサリー、身分を証明するサインや印鑑なども表します。

約束

※ ワン・オラクル・リーディング【契約】
・楽しい約束や、取引先と良好な契約が結べます。
・周囲との絆がいっそう深くなる出来事がありそう。
・意見の相違がないように、契約や約束前には条件を再確認しましょう。

契約、約束　　幸運、ラッキー

※ 良好な契約。嬉しい約束
　契約や約束（指輪）の内容は、幸せに満ちることになります（クローバー）。

約束　　幸福　　愛情

※ 幸せな婚約。結婚
　交わされる愛（ハート）の約束（指輪）は、幸福な（クローバー）ものとなるでしょう。

契約　　幸福　　仕事、安定

※ 業務契約の成功。良好な雇用契約
　交わされる仕事（錨）の契約（指輪）は、安定しており（錨）、条件も良好な（クローバー）ものとなります。

57

26 BOOK — 本【秘密・知識】

Keyword

学問　学習　日記　資格　記憶　知識欲　秘密　封印　文房具　数字の26

　「本」のカードには、ふたつの解釈があります。

　ひとつ目は「学び」。知識を味方につけることが、この先の人生を飛躍させると示しています。学校や塾の勉強、資格を取得するための学習、専門知識の習得、学びの形や種類はさまざま。なかなか結果が出ず、ときには心が折れたり、焦ることもあるかもしれません。

　けれども、努力して吸収した知識は必ず、自分を守る盾となり、優位に立つための剣へと進化します。「本」のカードが出たときには、特に意識して勉強や読書に時間を使いましょう。

　ふたつ目は「秘密」。閉じられた「本」は、意図して内容を隠しているという暗示。明かされない真実の存在を告げています。

　秘密を抱えているのか、それとも近いうちに秘密を持ってしまうのか。

　心に秘めている秘密があるのなら、それは明かさないほうが賢明です。誰かの秘密に興味を持つのもやめましょう。伏せてある「本」の内容がどれだけ気になっても、いまはページを開くときではありません。

❖ リーディングのコツ ❖

出版されているカードによって、「本」が開いていたり、閉じていたりします。カードを複数持っているのであれば、「本」が開いているものは「学問や研究」「知識欲」「専門的な知識」、閉じているものは「秘密」「思い出」というように使い分けても構いません。通常は両方の解釈を持たせます。

「樹木」と並べば、医学書。「花」と並べば植物図鑑やファッション誌。「塔」と並べば、法律書。「錨」と並べばビジネス書。「クロス」と並べば聖書を指すことになります。「子供」と並べば子供のころの思い出や秘密、最近できた内緒事。「ハート」と並べば秘めた恋心とリーディングします。

秘密

❖ ワン・オラクル・リーディング【秘密・知識】
・いま抱えている秘密は、誰にも明かしてはいけません。
・学力アップのチャンス。学問、研究に力を入れましょう。
・読書の時間を増やし、幅広い知識を取り込んで。

「太陽」とのコンビ=秘密が露見する

❖ 秘密が白日の下に晒される
　本の虫干しは、日中（太陽）に「本」を開いて行います。開かれた「本」の内容は明るみにさらされるでしょう。

「太陽」とのコンビ=秘密が露見する　　嘘

❖ 嘘が明るみになる
　「太陽」の下で開いた「本」から露見する内容は、いままで隠していた嘘（本・ネズミ）です。

「太陽」とのコンビ=年間スケジュール　　停止

❖ 計画の停滞。解決法が見つからない
　先の計画や見通し（太陽）は、スケジュール帳（本・太陽）どおりには進みません（雲）。

27 手紙
LETTER　【便り】

Keyword

通知　便り　メール　電報　郵便物　文書　個人情報　請求書　案内状　数字の27

　ルノルマン・カードの「手紙」は、電話、電報、手紙、メール、LINEなど、さまざまな連絡手段を表しています。

　メールや手紙の返事が来ないと恋愛中はとても不安になるもの。けれども「手紙」のカードが出たなら、もう大丈夫。待っていた便りは近いうちに届けられるでしょう。

　気がかりになっていた合否の結果も、間もなく手元に送られてくるはずです。

　メールや手紙で行動を起こすのも手段のひとつ。面と向かっては気恥ずかしい愛の告白にも一役買ってくれるはず。相手もこちらからのアクションを待っているかもしれません。

　しばらくご無沙汰している親戚や友人に連絡をしてみてはいかがですか。耳寄りな話を聞けるに違いありません。

　また「手紙」には正式な文書や書類、書面という意味もあります。大切な約束や契約は口頭ではなく、書面に起こすことが重要です。

✣ リーディングのコツ ✣

「手紙」の内容は、隣接するカードに示されています。「ハート」が並べばラブレターや告白、心が躍るような嬉しい知らせ。「花束」が並べば感謝や招待状、合格通知。「指輪」が並べば婚姻届。「錨」や「塔」が近くにあれば仕事関係の書類や公的な書類となります。

「ヘビ」や「鞭」などのネガティブな意味を持つカードが隣接していると悪口や誹謗中傷に。「キツネ」が並べば虚偽の文書を表します。「ネズミ」が並んでいるときは書類の紛失に気をつけて。

「手紙」の到着の時期も隣り合うカードや位置でわかります。「騎士」のカードと並んでいれば、その情報は早く届き、「山」が並んでいたり、キーカードから遠く離れていたりする場合は、到着は遅れてしまうでしょう。

通知

✣ ワン・オラクル・リーディング【便り】
・メールの再チェックを。送信できていない心配が。
・気持ちを伝えるなら、手紙やメッセージカードが喜ばれます。
・のちに確認できるように、文書で残しておきましょう。

便り　愛情

✣ ラブレター。告白メール
　愛情（ハート）のこもった便り（手紙）が届きます。

メール　愛情　分断

✣ 別れの手紙（メール）
　愛情や友情の絆（ハート）が、断ち切られてしまいます（鎌）。それをメール（手紙）で知ることになるでしょう。自分からの別れも含まれます。

便り　心　感謝

✣ 感謝状を贈られる（贈る）
　感謝の気持ちと心のこもった（花束・ハート）便り（手紙）が届きます。

61

28 紳士【男性】
GENTLEMAN

―❃ Keyword ❃―

恋人（彼）　男性の友人や知人　男性的　○○男子（草食男子など）男気　数字の28

　質問者が男性の場合、「紳士」のカードは自分を示す「キーカード（象徴）」となります。反対に質問者が女性の場合には、パートナーや恋人など周辺の男性を表すことになります。人間関係を占うときには、まず人物カードを見つけることから始めましょう。

　本書に付属しているルノルマン・カードには、「紳士」のカードが3種類入っています。どれを使わなければいけないといったルールはないので、実際に占いをするときには、どれでも気に入ったカードを使ってください。

　でも、場合によってはカードの選択を迷ってしまい、決められないこともあるかもしれません。そういうときには、右のページに掲載されているカードそれぞれが持つ特徴やサインが参考になるでしょう。

　2章では複数の人物が登場するスプレッドを紹介しています。すべての人物カードを展開させると、周囲で起きている複雑な人間関係が一目瞭然。腑に落ちなかった状況にも、合点がいくに違いありません。

❃ 人物カード以外との組み合わせ ❃

「紳士」のカードは隣接するカードの違いで、人物像が変化します（64ページ表参照）。

❖ リーディングのコツ ❖

「紳士」のカードは逆位置をとります。人物のカードが視線（顔）を向けている方向を未来、背中を向けている方向を過去とリーディングしてください。

また、恋人や友人など女性との関係を見るときには、「淑女」のカードを相手、「紳士」を自分と設定しましょう。「紳士」のカードと「淑女」のカードが見つめ合い、さらに距離が近ければ、愛情も確かなものです。けれども、背中合わせや遠い場所に配置されていれば、その恋愛には簡単ではない問題が横たわっています。

また、恋敵がいるのなら、残りの人物カードをシャッフルの時点で追加し、「淑女」との距離や周辺のカードと、どのように絡んでいるのかをリーディングします。

※ ワン・オラクル・リーディング【男性】

☆質問者が男性
・主導権はあなたにあります。リーダーとして周囲を引っ張って。

☆質問者が女性
・男性に負けない強さを身につけましょう。
・素敵な男性に巡り合えそう。

		特 徴	サイン
	活動 CARDINAL	新たなスタートに集中し、行動を起こす。 独立心が高く、何事にも強気。 完成させることに関心を持たず、新しいものをいつも探している。 ドラマティック、直接的、衝動的、自分らしさを表現	牡羊座 蟹座 天秤座 山羊座
	不動 FIXED	物事が長らく続くことを望んでいる。 変化を嫌い、自分なりのやり方を貫く。 スタミナがあり、粘り強い。 頑固、入念、緩慢な動き、自己の価値を尊ぶ	牡牛座 獅子座 蠍座 水瓶座
	柔軟 MUTABLE	あらゆる状況に適応し、対処する。 外的な力に影響を受けやすい。 争いごとを避けるために、自分を変化させる。 臨機応変、散漫、順応的、完成を目指す	双子座 乙女座 射手座 魚座

「紳士」＋35枚の男性のイメージ

1	騎士	エリート　カリスマ性がある
2	クローバー	プラス思考　明るい性格
3	船	行動力がある　アウトドア
4	家	大黒柱　育児や家事が得意
5	樹木	コツコツ型　大器晩成
6	雲	移り気　マイナス思考
7	ヘビ	嫉妬深い　悪人　要注意人物
8	棺	墓守　承継者　相続人　根暗
9	花束	華やか　ハンサム（イケメン）
10	鎌	決断力がある　冷静　冷徹
11	鞭	暴力的　批判的
12	鳥	話上手　コミュニケーション力がある
13	子供	無邪気　子供っぽい
14	キツネ	策略家　賢い　嘘つき
15	熊	包容力がある　頑固　職人気質
16	星	センスがある　理想的な男性
17	コウノトリ	変化を好む　転居・転職が多い

＋

18	犬	友達　ボーイフレンド
19	塔	保守的　伝統的なことを好む
20	庭園	人間関係が華やか　友人が多い
21	山	自分に厳しい　目標が高い
22	道	人生設計ができている　ドライバー
23	ネズミ	ストレスが多い　手癖が悪い　マメな男性
24	ハート	情熱家　愛情豊か
25	指輪	婚約者　契約相手
26	本	読書家　知識人　秘密主義
27	手紙	筆まめ　告白相手
29	淑女	女性的　女性相手の仕事
30	ユリ	経験豊富な男性　純粋　優しい　セクシー
31	太陽	活動的　元気　成功者　リーダー
32	月	ロマンチスト　人気者
33	鍵	頭の回転が速い　理論的
34	魚	資産家　お金持ち　金銭感覚がある
35	錨	堅実　安全・安定志向
36	クロス	信心深い　運命の男性

29 LADY 淑女
【女性】

---- Keyword ----

恋人（彼女）　女性の友人や知人　女性的　〇〇女子（肉食女子など）　女性らしさ　数字の29

　質問者が女性の場合、「淑女」のカードは自分を示す「キーカード（象徴）」となります。反対に質問者が男性の場合には、パートナーや恋人など周辺の女性を表すことになります。人間関係を占うときには、まず人物カードを見つけることから始めましょう。

　本書に付属しているルノルマン・カードには、「淑女」のカードが3種類入っています。どれを使わなければいけないといったルールはないので、実際に占いをするときには、どれでも気に入ったカードを使ってください。

　でも、場合によってはカードの選択を迷ってしまい、決められないこともあるかもしれません。そういうときには、右のページに掲載されているカードそれぞれが持つ特徴やサインが参考になるでしょう。

　2章では複数の人物が登場するスプレッドを紹介しています。すべての人物カードを展開させると、周囲で起きている複雑な人間関係が一目瞭然。腑に落ちなかった状況にも、合点がいくに違いありません。

人物カード以外との組み合わせ

「淑女」のカードは隣接するカードの違いで、人物像が変化します（68ページ表参照）。

❋❀ リーディングのコツ ❀❋

「淑女」のカードは逆位置をとります。人物のカードが視線（顔）を向けている方向を未来、背中を向けている方向を過去とリーディングしてください。

また、恋人や友人など男性との関係を見るときには、「紳士」のカードを相手、「淑女」を自分と設定しましょう。「紳士」のカードと「淑女」のカードが見つめ合い、さらに距離が近ければ、愛情も確かなものです。けれども、背中合わせや遠い場所に配置されていれば、その恋愛には簡単ではない問題が横たわっています。

また、恋敵がいるのなら、残りの人物カードをシャッフルの時点で追加し、「紳士」との距離や周辺のカードと、どのように絡んでいるのかをリーディングします。

❋ ワン・オラクル・リーディング【女性】

☆質問者が女性
・今日は人から注目される日。おしゃれに気合いを入れて。

☆質問者が男性
・アットホームなところがアピールポイントになりそう。
・魅力的な女性との出会いに恵まれるかも。

		特 徴	サイン
	活動 CARDINAL	新たなスタートに集中し、行動を起こす。 独立心が高く、何事にも強気。 完成させることに関心を持たず、新しいものをいつも探している。 ドラマティック、直接的、衝動的、自分らしさを表現	牡羊座 蟹座 天秤座 山羊座
	不動 FIXED	物事が長らく続くことを望んでいる。 変化を嫌い、自分なりのやり方を貫く。 スタミナがあり、粘り強い。 頑固、入念、緩慢な動き、自己の価値を尊ぶ	牡牛座 獅子座 蠍座 水瓶座
	柔軟 MUTABLE	あらゆる状況に適応し、対処する。 外的な力に影響を受けやすい。 争いごとを避けるために、自分を変化させる。 臨機応変、散漫、順応的、完成を目指す	双子座 乙女座 射手座 魚座

「淑女」＋35枚の女性のイメージ

 ＋

1	騎士	洗練された女性　キャリアウーマン
2	クローバー	朗らか　健康的　誰からも愛される女性
3	船	グローバル志向　好奇心旺盛
4	家	家庭的　良妻賢母　家事が得意
5	樹木	癒し系　健康志向　おおらか
6	雲	精神が不安定　浮き沈みが激しい
7	ヘビ	誘惑に弱い　悪女　嫉妬深い
8	棺	地味　陰気　生家に縛られる
9	花束	派手　美人　美に関する仕事
10	鎌	冷たい女性　薄情　合理的
11	鞭	あまのじゃく　攻撃的
12	鳥	おしゃべり　情報通
13	子供	無垢　少女思考　かわいい女性
14	キツネ	偽善者　ずる賢い　研究熱心
15	熊	包容力がある　母性豊か　かかあ天下
16	星	アイドル　おしゃれ
17	コウノトリ	妊活中　妊娠している　移動が多い

 +

18	犬	親友 仲良し 信頼できる人
19	塔	守りが固い 古風
20	庭園	社交的 イベント好き
21	山	向上心が強い 信念が固い
22	道	道徳心が高い 決められたレールに従う
23	ネズミ	病弱 恋敵 他人のものを欲しがる
24	ハート	恋愛中の女性 恋多き女性 愛情深い
25	指輪	婚約者 約束を交わした人
26	本	勉強家 秘密が多い 高いスキルを持つ
27	手紙	情報発信者 メール（ライン）好き
28	紳士	男性的 男勝り
30	ユリ	経験豊富な女性 献身的 セクシー 純真
31	太陽	明るい 活発 意志が強い
32	月	魅力的な女性 直観力が強い 受け身
33	鍵	責任者 貞操観念が強い 管理者
34	魚	金銭的に豊か 資産運用に長けている
35	錨	意志が強い 責任感が強い
36	クロス	一途に尽くす女性 スピリチュアルな感性

30 LILIES | ユリ
【潔白・セクシャリティ】

―❊ Keyword ❊―

セクシュアリティ　プラトニック　恥じらい　純粋　円熟　老後　威厳　介護　自己犠牲　数字の30

　ルノルマン・カードの中で最も解釈が難しい「ユリ」のカード。「ユリ」のカードが持つ「純真・貞節」といった清廉な意味と「セックス・セクシャリティ」といった性に関するふたつの意味のうち、どちらを選択して良いのか判断に悩むからです。「プラトニックな恋愛」を貫くのか、「官能的な恋愛」に溺れるのかは、そのときの状況によって変わっていきます

　ここで優先するのは直観とイマジネーション。ワン・オラクルで占った場合、カードから最初に浮かんだメッセージが「プラトニックな恋」ならそれが正解。相手の欲求に自分を差し出す必要はありません。

　また、時間の経過が与えてくれた豊かさを示すこともあります。長く続けていることがプロのレベルに達し、これからはその技術や知識を次の世代に引き継ぐ役目を果たすことになるでしょう。

　イメージされる人物像は壮年・初老の人、洗練された人、徳の高い人、気品にあふれる人となります。

リーディングのコツ

「ユリ」のふたつの側面のどちらを引き出すかは、質問の内容と隣り合うカードで判断します。「棺」と並べば、冤罪や無実。これは昔、魔女狩りや不当な裁きによって命を落とした人の墓にはひっそりと無罪を訴える白ユリが咲いていた、というお話からきています。

「キツネ」と並べば本心を隠した間柄。「クロス」と並べば清らかな祈りや懺悔となります。

また、「ユリ」の香りを「ヘビ」が嫌うため、「ヘビ」の持つ悪い意味を遠ざける効果があります。悪意がある人物や悪運の接近に向けて、早めに手を打ちましょう。

純白・純潔

❈ ワン・オラクル・リーディング【潔白・セクシャリティ】
・簡単には習得できません。じっくりと取り組みましょう。
・素直な心、純粋な気持ちが相手の心を溶かします。
・貞節を守り、プラトニックな関係を。勢いに任せてはいけません。

純真　恋

❈ プラトニック・ラブ
　ユリが持つ清純さが肉体的欲求を抑制します。

潔白　恋　★

❈ 秘めた想い
　オープンにできない（本）恋心（ハート）を持っています。報われなくても（ユリ）片思いを続ける覚悟が胸のうちにありそうです。

精神　恋　冒険

❈ アバンチュール、火遊び
　人を愛する（ハート）まっすぐな想い（ユリ）が思わぬ行動（船）へと駆り立てます。瞬間を追い求める恋（ハート）にはまってしまうかもしれません。

31 太陽
SUN 【活力・成功】

Keyword

年運　昇格　成功　栄光　名誉　カリスマ　エネルギー　活力　男性心理　数字の31

　「太陽」は最も活力があるポジティブなカード。天体の中で一番大きく熱い太陽は、地球上の万物に多くのエネルギーを与えてくれます。「生命力」「精力」「気力」「栄光」「栄誉」「成功」といった力強いキーワードはその存在感とパワーに満ちた姿から連想されたものです。

　「太陽」のカードは成功と幸運を約束してくれます。現在、気が重くなる出来事や切ない悩みがあっても心配することはありません。すべて好転していくはずです。

　けれども、運気が上向きなときほど自分の言動を振り返る余裕を持って。光のあるところには必ず影が存在します。放つ光が強いほど、影は黒くなる傾向が。高飛車な態度や有頂天なふるまいは、周囲をピリピリさせがち。わざわざ嫉妬や恨みをあおるような行動は慎んでおくほうが良いでしょう。

　また、過剰な熱は生命を弱らせ、根すらも絶やそうとします。それは質問者にとっても同じ。いくら力がみなぎっているとしても、命すらささげるような真似はするべきではありません。没頭しすぎることのないよう、自分をコントロールしましょう。

✿ リーディングのコツ ✿

「クローバー」と「太陽」のカードは同じラッキーを表しますが、周囲に及ぼす影響には差があります。

「太陽」のカードはポジティブなカードに最大の力を持たせます。「船」や「錨」と並べば大抜擢による昇格や事業の大成功が得られるでしょう。

また、ネガティブなカードの闇を反転させる効果も持ち合わせています。

ただし、「雲」だけは例外。「太陽」の力を「雲」は隠し弱めます。疲労がたまる、体に不調が出る、不規則な生活に陥るなど、気力・体力を奪い、戦う力をダウンさせるでしょう。

栄光・活力

❈ ワン・オラクル・リーディング【活力・成功】
・ビジネスチャンスの到来。栄光がまもなく手の中に。
・勝負事にツキがあります。劣勢からの大逆転がかないそう。
・過信は禁物。絶好調なときでもこまめに休息を。

栄光

仕事、事業

❈ 事業の成功。出世
「錨」のキーワードである仕事、事業に、「太陽」のキーワードであるエネルギーと活力、栄光がプラスされ、事業の成功と読みます。

栄光、成功

仕事、事業

新しい

❈ 新規事業の成功
新しい事業や新規のプロジェクト、新たな企画（子供・錨）が成功（太陽）するでしょう。

栄光、成功

仕事、事業

成長

❈ 事業の拡大。仕事の質の向上
事業の成功に加え、「樹木」の成長、拡大の力がプラスされます。「太陽」の力で「樹木」は勢い良く成長するでしょう。

32 MOON 月
【夢・直観】

Keyword

直感　予感　予言　深層心理　評判　ロマンス　芸術　才能　ホルモンバランス　数字の32

「太陽」が昼の支配者なら、「月」は夜の支配者。

夜は人間の感受性や創造性が高まり、直観力・想像力が鋭くなります。昼日中は喧騒や光彩に圧せられていた能力は、月明かりによって解放されていくでしょう。

質問者はいま、「月」のカードからのエナジーを受け、感度が高まり、発想力や独創性が満ちた状態にいます。

「月」のカードが出たなら、全身の力をすっと抜きましょう。着想やアイデアは心も身体もリラックスしているときにこそ生まれます。夜であれば、もっと緊張はほぐれやすくなるはず。

また、「太陽」の光を浴びて「月」が輝くように、「太陽」のごとき強い協力者がいることを表す場合もあります。これまでの姿勢やまじめさが信頼に値すると評価され、引っ張り上げてもらえるようです。ためらうことはありません。そのチャンスは実力で手に入れたものです。自分の力を信じましょう。

✦ リーディングのコツ ✦

　満月、三日月、半月と、日々形を変化させる「月」。「月」のカードが表す感情や精神にも波があります。どのように変化するかを教えてくれるのは隣り合うカード。「ハート」のカードと並べばロマンティックで、夢見心地な時間を楽しめるでしょう。「鞭」と並ぶとヒステリーを起こすほど気が高ぶりそう。「鎌」と並ぶと睡眠不足や睡眠障害の心配が。
　「雲」のカードは、「月」の力を覆い隠してしまいます。気分が落ち込み、憂うつになるなど、感情に影が入り込む可能性が。
　また、女性の体にも影響を与えるため、生理不順や女性ホルモンの乱れなど女性特有の不調の兆しを指す場合もあります。

神秘・夜間

※ ワン・オラクル・リーディング【夢・直観】
・長年抱いてきた夢が叶います。協力者に感謝しましょう。
・心が疲れていませんか。ストレスを解放して良い睡眠を。
・非常に冴えているとき。理屈ではなく直観を信じて。

精神性　　癒し

※ 精神的な癒し
　「月」のキーワードである精神と「樹木」のキーワードである癒しの力で、精神的な癒しや魂の浄化を表します。

精神性、精神力　　癒し、健康　　忠誠、誠意

※ 心の支え。カウンセリング
　精神的な（月）と癒し（樹木）を、誠意（犬）を持って支えてくれる人が現れます。また、ペットの存在が心を癒してくれるでしょう。

生理、ホルモンバランス　　健康　　トラブル

※ 月経不順。ホルモンバランスの崩れ
　「月」は女性を、「樹木」は健康を表すため、トラブルを表す「鞭」が加わると女性特有の病気や生理の不調、ホルモンバランスの崩れが心配されます。男性なら精神的なダメージを受ける心配も。

33 KEY

鍵
【ヒント】

Keyword

問題解決　解決のヒント　セキュリティー　幸運の鍵　きっかけ　暗証番号　守る　貞操観念　支配権　数字の33

　「事件解決の鍵」「キーマン」といった言葉から連想されるように、「鍵」は物事の解決に欠かせません。
　解決策が見つからず、手を焼いていた問題があるのなら、間もなくそれらを解き明かすヒントが得られるでしょう。
　未来への扉を開く勇気が出ず、方法も見つからない……。そんな状況下にいるときは、ゆっくりと自分の周りを見渡してみてください。ごく身近な人間が背中を押してくれたり、一度は捨てた選択肢の中に使えるアイデアが埋もれている可能性があります。
　予想外の発見を与えてくれるのも「鍵」のカード。厳しそうで見た目も怖い、とっつきにくい人物。その人物とのふれ合いが、自分の別の一面を気づかせてくれたり、異なる視点をもたらしてくれそうです。
　また、「鍵」は閉ざされたものを開くだけではありません。扉をしっかり施錠し、外敵から身を守る役目も担っています。ひらめきは、すぐに人に話してしまわず、形になるまでは自分の胸の中にとどめておきましょう。

☙ リーディングのコツ ❧

　隣接するカードがヒントのありかを教えてくれます。「船」と並んでいれば、旅行や自ら行動を起こすことで解決の糸口を見つけられそう。「熊」と並んでいれば、権力者や上司が助言を授けてくれるでしょう。「家」と並んだのなら、戸締りの確認を忘れずに。「魚」と並んだなら、財布のヒモをしめて上手なやりくりを。

　ただし、「棺」と並ぶとやっかいです。解決法が見つからず、謎が謎のままで終わりそう。

　また、家や車のキー、暗証番号やスマートフォンのロック画面といった絵柄どおりの「鍵」を示す場合もあります。

解決・ロック

❈ ワン・オラクル・リーディング【ヒント】
・思いがけないところに解決のヒントが。まずは皆の話に耳を傾けて。
・成長のとき。次のステージへの扉が開きます。
・防犯対策をしっかりと。セキュリティを見直しましょう。

セキュリティ　　家庭

❈ セキュリティ。保護。庇護
　「家」の「鍵」を閉めてしっかり防犯しましょう。

戸締り、鍵をかける　　家　　腐敗、世捨て

❈ ひきこもり
　家族（家）とつながることができず、心に「鍵」をかけひきこもる（棺）傾向を表します。

鍵を握る　　家　　資産

❈ 家計を握る。資産（財産）管理
　家の資産や家財、金庫（魚・家）の鍵を握ることを示します。

34 FISH 魚 【資産】

❦ Keyword ❦

富　財力　預貯金　投資　商取引　給料　拡大　性衝動　食欲　数字の34

　「魚」は、一度に大量の卵を産む多産性の動物。ルノルマン・カードではお金や財産を産み落とす有難いカードとされています。

　「魚」のカードが現れたときは金運アップが期待できそう。買い物で得をしたり、欲しいものが簡単に手に入るといったことが起きやすくなります。

　こういうときは金銭面が不安でも、やりたいことを優先的に実行してください。先行投資も「魚」のカードにとって、重要なキーワード。趣味や学びにかかる資金を自分への投資と考えましょう。資金を注いだぶん、いずれ大きな成果となって返ってくるはずです。

　また、才能や徳、人間関係や事業など、これからの自分にとって価値のあるものが増える暗示でもあります。この時期に出会った人々は今後、かけがえのない存在になっていくでしょう。

　ただし、「魚」のカードには残念な面もあります。本能的な衝動や欲を表すことがあり、食欲に負けて食べ過ぎたり、突然の性衝動にかられ間違いをおかしたり、カードの上限を越えて買い物をしてしまうといった行動につながることも。安易に金運アップを喜ぶのではなく、周囲のカードに目を向け「魚」のカードが示す本質を見抜きましょう。

リーディングのコツ

「魚」の指すお金や資産がどのようなものか、何を増やしてくれるのかは、隣接するカードが表しています。「家」と並んでいれば家財が増えて、家計が楽になるでしょう。「錨」と並べばお給料がアップする可能性が。「本」と並べばこっそり隠してあるヘソクリが見つかるかも。「棺」と並んでいれば遺産が入ってきます。「花束」と並べば大きなプレゼントをもらえるよう。「星」と並べば、注目度が急上昇し人気をひとり占めできるでしょう。

絵柄どおり、「魚」に関する仕事を示すこともあります。

お金・増産

※ ワン・オラクル・リーディング【資産】
・金運が上昇します。金銭的な余裕が生まれるでしょう。
・いまある資産や財産を増やすチャンスの到来です。
・欲深くなっていませんか。何事もほどほどに。

豊漁、豊穣　　チャレンジ

※ 立身出世。漁船
漁に出た「船」が大漁（魚）を引き寄せます。スキルアップ（船）にチャレンジ（船）すれば、大きな成果（魚）を上げられそうです。

お金、財産　　旅　　分断

※ 旅費が途絶える。援助が見込めなくなる。
期待と希望（船）を抱いて出航をしましたが、旅費（魚）がなく航路が絶たれてしまうかもしれません

性衝動、セクシャリティ　　行動力　　セクシャリティ、性

※ 性的欲求に走る。性に溺れる
セクシャリティなことを表す「ユリ」と多産で繁殖力の強い「魚」。性的なことに対しての好奇心が旺盛で、衝動を止めることができなくなります（船）。

79

35 錨（いかり）
【仕事】

―――❈ Keyword ❈―――

堅実　頑固　安心　信頼　仕事　社会　現実　準備期間　定形　数字の35

　波や風、潮の流れなど、海上にいる船は船体にあらゆる力を受けます。それらの力に負けないように、船を安定して停泊させるには、ずっしりと重い「錨」が必要です。

　いま質問者がすべきことは、夢に向かって突き進むことでも、未開の地を巡る冒険でもありません。大切なのは堅実な考え方と、安定した生活を維持すること。

　たとえ、目新しい世界への好奇心やチャレンジ精神に心がうずいても、船出をするのはひとまず保留に。浮ついた気持ちは「錨」で抑え、船体をがっしりと固定しましょう。

　この時期におもりが錆びついてはないか、綱や鎖は痛んでいないか、点検を重ねてください。万全の状態を整えておけば、この先大海に出たときに思い切った舵を切れるはずです。

　「錨」は、仕事を表すカードでもあります。就職先に悩んでいるのなら、近いうちに条件にかなう職場、固定給や福利厚生が手厚い企業が見つかるでしょう。転職を考えているなら、いったん保留に。動くのに最適な時期ではありません。しばらくは現在の職場で頑張るほうがよさそうです。

✧ リーディングのコツ ✦

　手放してはいけない大切なものをつなぎとめておく、それが「錨」のカード。その大切なものは隣接するカードが教えてくれます。
　「犬」と並んだのなら重視するのは信頼。他者を認める心の広さを持ち、厚い信頼を築いて。「星」と並べばノルマの達成がかないそう。粘りが勝利を導きます。「太陽」と並べば、事業の成功や昇格が期待できます。名誉と栄光が確保されるでしょう。
　持続すると困るものもあります。「鞭」と並ぶと処罰が長らく続き、「ネズミ」と並ぶとストレスにさいなまされることが。
　「雲」のカードにも要注意。嵐が迫っているのかもしれません。就航を遅らせるか、欠航して時期を待ちましょう。

仕事・安定

❈ ワン・オラクル・リーディング【仕事】
・安定、安心を一番に考えて。無謀な挑戦は見送ってください。
・遊びたい気持ちをぐっとこらえましょう。仕事に専心を。
・頑なになっていませんか。周囲の意見に耳を傾けて。

仕事　　トラブル

❈ 仕事上のミス
　仕事（錨）にトラブルが発生（鞭）します。

確固たるもの　鞭打つ　目標

❈ ノルマ（目標）達成のため自分に鞭打つ
　高い目標（星）を確かなもの（錨）にするには自らを奮い立たせる（鞭）必要があります。

仕事、事業　トラブル、痛み　重責、宿命

❈ 仕事上のミスの責任を負う（負わされる）
　仕事（錨）のミスやトラブル（鞭）により社会的な（錨）責任を負う（クロス）ことになるでしょう。

81

36 CROSS クロス
【使命・重責】

――≫✦ Keyword ✦≪――

重荷　運命的　使命　受難　苦闘　忍耐　天命　啓示　信仰　数字の36

　運命や使命、受難を表す「クロス」のカード。この世に生を受けた以上、死から逃れることができないのと同じように、人生には、自らがどうすることもできない出来事がいくつも起こります。

　「クロス」のカードが現れるのは、その試練がまさに訪れた瞬間です。

　現在抱えている問題や、これから降りかかる困難から逃げることは、残念ながらできません。いわば天から与えられた宿命です。

　穏やかに何事もなく、一生を終わらせたいと多くの人が望んでいます。きっと、質問者もそう願っているはずです。

　けれども、平凡な日々は人間を成長させてはくれません。苦しみや悲しみはつらいものですが、この苦難には必ず意味があり、それを乗り越えることでしか、進歩は遂げられないのです。

　そして、ひと回り大きくなった先にこそ、目指したいと心から思える真のゴールが見えてくるに違いありません。

✦ リーディングのコツ ✦

「クロス」のカードを別のカードとコンビネーションでリーディングする場合には、「運命」や「使命」というキーワードが強く影響してきます。

例えば、「花束」と並んだのなら喜びの多い人生、あるいはフラワーアレンジメントやフラワーショップを生業とする運命に。「ハート」と並べば運命の恋に身を焦がすことになりそう。「錨」と並べば天職との出会い、あるいは安定した人生を送ることができるでしょう。

また、信仰心を表すカードでもありますから、「ユリ」と並べば厚い信仰心、聖職という意味になります。

運命・宿命

ワン・オラクル・リーディング【使命・重責】
・抗うのではなく、受け入れましょう。
・運命的な出会いや天職に巡り合えます。
・責任のある立場を任されそう。重責を担うことに。

使命　信仰、清廉

❈ 信仰。信心。聖職
　信仰（ユリ）を使命に生きる（クロス）ことを表します

受難　信仰　痛み

❈ 後悔。懺悔
　神仏（クロス）に向かえば素直な気持ちで（ユリ）罪（鞭）を打ち明けられるでしょう。神仏の前で、更生を誓うことになります。

使命、宿命　純粋、清廉　行動、活動

❈ 布教。ボランティア活動
　純粋な奉仕の心（ユリ）を持ち、救済を使命（クロス）とした活動（船）をすることになるでしょう。

chapter 2
グラン・タブローへの道

　2章では1章で得た知識を元に実際に占いを実践していきます。

　初めにお話しましたが、ルノルマン・カードはどんなことでも占うことができるのが特徴。枚数の多いスプレッドでは、ひとつのことに限らず、いくつもの事柄について占うことができます。

　そんなルノルマン・カードのスプレッド（展開法）の中でも、真髄となるのが「グラン・タブロー」と呼ばれるスプレッド。これは36枚すべてのカードを使って、恋愛、仕事、人間関係、過去、現在、未来などを読み解いていくものとなります。

　ただし、36枚をスプレッドのとおりに並べてみても、いきなり占いができるというわけではありません。それは、どのカードからリーディングを始めれば良いのか、隣り合っているカードからはどんな影響を受けるのか、たずねていることのポイントとなるのはどのカードなのかなど、知っておくべきテクニックが存在しているからです。

　この章ではワン・オラクルから徐々に枚数を増やし、いずれは36枚すべてを使ってグラン・タブローで占いができるようにレッスンを重ねていきます。もちろん、各々のスプレッドでも十分に占うことができるので、ステップ・アップのレッスンも楽しみながら進められるでしょう。

　大切なのはルノルマン・カードに慣れること。できるだけ毎

日、カードに触れて、占うことがなによりの上達方法です。
　まずは基礎となるルールとリーディングの前にしておくべき準備について、お話をしていくことにしましょう。

カードの正位置と逆位置について

　ルノルマン・カードは、基本的に逆位置（リバース）を採用しません。シンボルが逆になったとしても、そのまま読むのが、ルノルマン・カード占いだからです。ただし、人物カードだけは別。親密度や距離間を計るのに便利なため、逆位置を採用しています。

　たとえば恋愛を占ったとき、「紳士」と「淑女」が向かい合っていれば両想い、どちらかが背を向けていれば片思いとリーディングできます。視線や顔の向いている方向に注目するのです。

　また、時間軸を見ることもできます。顔の向いている方向が未来、背中を向けている方向が過去を表すので、人物の顔の向きで現在の立ち位置がわかります。

　出版されているカードによっては、人物カードの絵柄が真正面を向いているものもあります。そのような場合は、人物の右側は未来、左側は過去と、あらかじめ決めておくと良いでしょう。

　また、通常は逆位置を採用しないのですが、「雲」のように取り入れると占いの幅が広がるカードがあります。

　本書のオリジナル・カードは空のようすが左右で違っています。半分は明るく晴れていて、もう半分には黒い雲が広がっている絵柄です。この場合、

86

黒い雲  白い雲

雲のカード
（正位置）

明るい（または白い雲）側は〈問題が解決に向かっている〉、黒い雲側は、〈その問題がこれから訪れる〉〈深刻になる〉と解釈できます。つまり1枚のカードで、これから問題が起きるのか、それとも解決へと向かっていくのかがわかるようになっているのです。

　カードの絵柄はさまざまなので、できれば最初にカードを1枚1枚確認してみてください。そして絵柄によってルールを決めておきましょう。そうすることでリーディングがスムーズに進められるようになるはずです。

用意するもの

　リーディングを始めるときに必要なのは、ルノルマン・カードとタロット・クロス、またはアルター・クロスです。

　クロスがなぜ必要かというと、日常の空間とリーディングする空間とを隔て、鑑定する側もされる側も、特別な思いで占いに集中できるようにするためです。

　また、カードは静電気を帯びやすい性質があるので、机などに直接並べると扱いにくく、カードも傷んでしまいます。クロスには保護する役割もあるのです。

　クロスはグラン・タブローなど36枚すべてを使って鑑定することがあるので、テーブルをおおうような大きなものを用意すると良いでしょう。

リーディングの直前にすること

❖ 質問内容を決める ❖

占いを始める前に、質問内容を決めましょう。〈恋愛〉や〈仕事〉など、大まかなくくりでもかまいません。けれども、シャッフル（次ページ参照）を始めてからは、質問内容の変更は禁止。カードをオープンにしてからも同様です。

ネガティブなカードばかりが並んだとしても、それはカードが質問者に、アドバイスや警告をしてくれていると考えること。最初に設定した質問が、結果の良し悪しによってブレたりしないよう気をつけましょう。

また、鑑定内容が気に入らないからといって、何度も同じ質問で占ってはいけません。未来とは偶然が重なり合って生まれるもの。カード占いは、その偶然を人工的に作り出し読み解くものです。ひとつの質問に対し、いくつも回答があったのでは、真実は目の前から失われてしまうかもしれません。

❖ 人物カードとキーカードの設定 ❖

質問内容が決まったら、占う内容に沿って人物カード、キーカードを設定しましょう。

人物カードは質問者を投影するカードです。ルノルマン・カードには、「紳士」と「淑女」の2枚の人物カードがあるので、それらを活用していきます。

質問者が女性であるならば「淑女」、男性であるなら「紳士」を選択しましょう。異性との関係を占うときには、わたし＝「淑女」彼＝「紳士」、僕＝「紳士」彼女「淑女」と設定してください。

いっぽう、キーカードとは、質問内容に適した象徴を持つカードのことです。例えば、恋愛のことなら「ハート」、子供に関することなら「子供」のカードとなります。付録IIIにはキーカード・ガイドがありますので、参考にしてください。

❖ スプレッドを決める ❖

次に、スプレッドを決めます。

どのスプレッドを選ぶのかは自由です。重要なのは、結果が良くても悪くても、最初に決めたカードの枚数を増やさないこと。

鑑定結果が出ているのにもかかわらず、「もう1枚引いてみたら結果が良くなるかしら」と、新たにカードを追加するのはやめましょう。それは、ルノルマン・カードが提示した答えではありません。

シャッフル

　設定をすべて決めたら、シャッフルに入ってください。

　シャッフルには大きく分けてふたつの方法があります。

・カードの束を片手に持ち、もう片方の手で下から数枚のカードを上に持っていくことを繰り返すトランプなどに使われる方法。

・カードの絵を見えないよう裏返しにして、テーブルの上に広げて両手で混ぜる方法。タロットカードやほかのカード占いで使われるやり方。

　シャッフルの目的は、カードを良く混ぜてランダムな状態にすることなので、自分の好みの方法でシャッフルしてください。

　シャッフルは占う側、占われる側、その両方で行うのも有効です。

カット

　シャッフルが終わったらカードをひとつにまとめ、そこから左手で3つの山に分けます。次に3つに分けた山を、同じく左手でひとつの山にまとめていきます。順番はそのときの直感で。これでカット作業は終了です。

 スプレッド

　ここからは、グラン・タブローを習得するためのさまざまなスプレッドをステップ・アップ式に紹介していきます。

　手始めとなるのはワン・オラクル。1枚1枚のカードの意味合いを良く理解し、カードに馴染むために、このレッスンはとても重要です。

　ステップ2以降では、2枚3枚を同時に読んだり、縦のラインや横の段を組み合わせて読んだりと、リーディングの方法は複雑になっていきます。ステップ1はすべての基礎となるため、しっかり学んでおけばどんなスプレッドからも、カードからのメッセージを着実に受け取ることができるでしょう。

ステップ1　ワン・オラクル

∋手順∈

①質問内容を決めます。ワン・オラクルの練習に向いている質問内容は〈今日の運勢〉〈今日の注意点〉〈今日の吉運ポイント〉など、〈今日〉に関することです。
②36枚すべてのカードをシャッフルし、カットします。
③カードをひとつにまとめ、中からカードを1枚引きます。

例）今日の運勢は？

「太陽」活力・成功

【太陽】

※リーディング結果※

とてもエネルギッシュに活動できます。高い評価を受け、望んでいた成功を手にできるでしょう。ただし、眩し過ぎる光やひりひりするほどの熱意は、敬遠されることも。表情や言動は、やわらかく差し込む木漏れ日を意識して。

　朝、引いたカードを、眠りに就く前に検証してみましょう。1日を振り返り自分が導き出したリーディングは的をとらえていたのか、そうではなかったのか、見極めてみてください。このスプレッドは毎日繰り返すことでリーディングの力が磨かれていきます。

　引いたカードとリーディングの内容、1日の出来事を日記のように書き留めておくと、記憶にも留まりやすく今後のデータとして役立つでしょう。

　カードからのメッセージがつかみづらければ、1章に掲載されている【ワン・オラクル・リーディング】を参考にしてください。

ステップ2　コンビネーション・リーディング

　ルノルマン・カードの特徴のひとつに、複数のカードを重ね合わせて物語を紡（つむ）ぐように占うコンビネーション・リーディングがあります。最初は2枚から始めますが、慣れてきたら徐々に枚数を増やすことに挑戦を。物語にいっそうの広がりが出てくるでしょう。

2枚引き

手順

①質問内容を決めます。
②36枚すべてのカードをシャッフルし、カットします。
③カードをひとつにまとめ、中からカードを2枚引きます。
④2枚のカードのキーワードを組み合わせて物語を創るようにリーディングします。

例）いまの状態は？

【月・鞭】
「月」深層心理
「鞭」精神的葛藤

この2枚からは、深層心理が現れやすい睡眠時に、心の奥が表面化されると読むことができます。

リーディング結果

・睡眠不足に注意。体の疲れは、前向きな気持ちをくじけさせます。
・眠る前にアレコレと考えを巡らせてしまいそう。答えは先送りにして、今日はゆっくり休みましょう。

　リーディングに自信がないうちは付録Ⅱのコンビネーション・リーディングを参考にしてください。

3枚引き

≈ 手順 ≈

① 質問内容を決めます。
② 36枚すべてのカードをシャッフルし、カットします。
③ カードをひとつにまとめ、中からカードを3枚引きます。
④ ここではまだタロット・カード占いのスリーカードのように、3枚を過去・現在・未来のポジションに分けて考える必要はありません。コンビネーション・リーディングの練習中なので、ポジションにとらわれず、カードを自由に読んでみましょう。

例）この週末はどんなふうに過ごすと良いですか？

【花束・犬・庭園】

「花束」喜び 「犬」友人 「庭園」交流の場
人々か集う様子が思い浮かぶ「庭園」と、気の合う仲間や友人を表す「犬」、
感謝や喜び、楽しみを表す「花束」のカードが出ています。

※リーディング結果※

・気が合う仲間、同僚、パートナーと楽しい時間が過ごせます。
・大勢で集まるパーティや飲み会の企画を。波長の合う人を見つけられそうです。
・家の中にこもっていてはダメ。友人と、お花見（植物園やフラワーガーデン）に出かけ、気分転換を。

ステップ3　キーカードを使う

4枚引き（キーカード＋3枚）

3枚のコンビネーション・リーディングに慣れてきたところで、今度は「キーカード」を使ったレッスンです。

キーカードとは、1章の初めにも説明しましたが、リーディングの主役や問題の中心となるカードのこと。

あらかじめ質問内容が決まっている場合は、そのキーカードを36枚の中から抜いておきましょう。質問したいことが特に決まっていないのであれば、次の手順でルノルマン・カードにキーカードを委ねます。

手順

① 36枚すべてのカードをシャッフルします。ここではまだ、カットはしません。
② カードをひとつにまとめたあと、クロスの上にカードを横1列に並べます。
③ その中からカードを1枚選び、表に向けます。
　そのカードがキーカード。キーカードは脇に取り出しておきます。
④ キーカード以外のカードをもう1度、シャッフルしカットします。
⑤ 中からカードを3枚引き、キーカードを先頭にして右隣に順に並べてください。

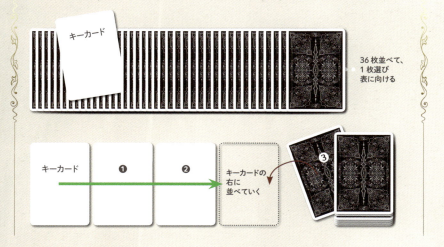

例）いまのわたしに必要なものは何ですか？

【子供・熊・船・本】

　手順に従って、カードを並べた後、ランダムに引いたカードは「子供」でした。
ここでは「子供」のカードがキーカードとなります。
「子供」新しく始める／キーカード
「船」スキル・アップを図る、見聞を広げる
「本」勉強や資格をとるための学び
「熊」先生、博士、職人、頼りになる人物

※リーディング結果※

・スキル・アップのための勉強を始めるタイミングが訪れているよう。独学ではなく、
　その道を究めたスペシャリスト（経験豊かな先生）から学ぶことが習得の早道に。
・見聞を広げるチャンス到来。上司が勧めてくれる研修会やセミナーには積極的に
　参加して。

　〈わたしの恋愛運は？〉〈いまの仕事、つらいけど続けるべき？〉というように質問内容がはっきりと決まっている場合は、あらかじめキーカードを抜いておきましょう。
　キーカードを占いたい内容によって探すときには付録Ⅲのキーカード・ガイドを参考にしてください。

ステップ4　キーカードの周辺のカードを読む

5枚引き（キーカード＋4枚）

　このステップでは、キーカードの上下左右にあるカードを読むレッスンをしていきます。ここで展開するのは人物カード、あるいはキーカードを囲むように配置するスプレド。

　これまでのレッスンと違うのは配置したポジションにそれぞれ役割（意味）を持たせていることです。キーカードの左側（4枚目）が質問内容の原因や過去、真上（1枚目）が現状、右側（2枚目）が未来や結果、真下（3枚目）が良い結果へと導くヒントを表すポジションとなります。

　手順に従い、カードを並べたら、早速リーディングに入りましょう。サンプル・リーディングではひとつは身に起きた恋愛模様を、もうひとつは1日の中で起きる出来事に焦点を当てたものを紹介します。

手順

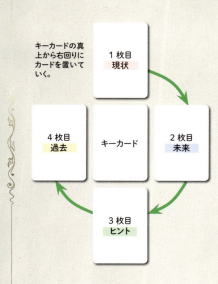

リーディングを行うのはトータルで5枚。使用するのは人物カード（もしくはキーカード）1枚と、4枚のカードです。

① 質問内容を決めます。質問者が女性なら「淑女」、男性なら「紳士」の人物カードをあらかじめ抜いておきます。占いたい事柄が家や子供のことなど特定の内容であるなら、該当するキーカードを抜いておいてください。キーカード・ガイドは付録Ⅲに掲載してあります。

② 残りの35枚をシャッフル、カットします。カードをひとつにまとめ、その中から、カードを4枚ランダムに引きます。

③中央に人物カード（キーカード）を配置し、人物カードの周りに十字の形になるように4枚を並べます。カードは人物カードの真上から右回り（時計回り）に置くようにしてください。

例1）長く付き合った彼と、最近別れてしまいました。また、いつか恋ができるでしょうか？

②真上（現状）：「棺」
「棺」は終焉、すべてが終わることを表すカード。まだ彼に未練があったとしても、もうその恋は終わっていると示されています。

①左側（過去・原因）：「道」
「道」は選択、分岐点を表すカード。彼と彼女はそれぞれ別々の道を進むことを選択したことがわかります。

③真下（ヒント）：「犬」
「犬」は友人や仲間を表すカード。いきなり恋人を求めるのではなく、必要なのは友達や同僚、気の合う人とコミュニケーションをとることのようです。彼を失ったつらさは、彼らが癒やしてくれるでしょう。

④右側（未来）：「クローバー」
未来には幸福を表す「クローバー」のカード。未来には希望が持てそうです。悲しみから解放され、心から笑えるようになったころ、新しい出会いが訪れるでしょう。

※リーディング結果※

　彼と別々の道を選んだなら、後ろを振り返ってはいけません。彼を失った喪失感にいつまでも囚われていないで、積極的に友達や気の合う仲間と過ごしましょう。彼らの優しさがあなたの気持ちを癒やし、前向きにしてくれるはず。恋のチャンスはその先に待ち受けています。

例2)今日はどんな1日になりますか?

　カードの並べ方は1)と同じですが、ここでは配置の役割を変えて今日の運勢を占っていきます。

　キーカードの左側が午前の出来事。真上は今日のテーマ。真下は快適に過ごすためのヒントや気をつけること。右側は午後の出来事になります。

①今日のテーマ(真上):「キツネ」
「キツネ」が表すのは物事の先を読む回転の速さ。
今日1日は計画的に賢く行動を。立ち回りを上手くすることで、効率的かつ効果的に自分をアピールすることがかなうはず。
*テーマは「魚」が出れば金運、「ハート」が出れば恋愛運と変化

③午前(左側):「鎌」
「鎌」が表すのはアクシデント。午前中にハプニングが待ち受けていそう。渋滞や電車の遅延に足止めされたり、待ち合わせの時間が変更となっていたり、予期せぬことが起こるかも。
*「ネズミ」とのコンビネーション・リーディング活用

④午後(右側):「樹木」
「樹木」が表すのはホッとできる時間。1日の終わりには、ゆっくりお風呂に入ってマッサージしたり、お気に入りのアロマで寛いだり、自分を癒してあげてください。
「キツネ」の賢さを使えば、一日を効率良く過ごせるはずです。
*「キツネ」とのコンビネーション・リーディング活用

②ヒント(真下):「ネズミ」
「ネズミ」が表すのは落ち着きのなさ。
うっかりミスをしないように緊張感を持ちましょう。落とし物や忘れ物、置き引きなどに注意が必要です。

❊リーディング結果❊

　今日は頭をフル回転させて、うまく立ち回ることが求められています。気をつけたいのは午前中に起きるアクシデント。1日の流れを再確認し、緊張感を持って行動すれば、その危機からは逃れることができるでしょう。1日の終わりには達成感とともにゆったりとした時間を味わってください。

ステップ5　キーカード周辺の解釈を深める

9枚引き（キーカード＋8枚）

　ここからはカードを4枚増やし、合計9枚のカードを読む練習をしていきます。活用するのはステップ2で練習した3枚のカードのコンビネーション・リーディング。いくつものコンビネーションを読んでいくので混乱しないように、書き取っておくと総合リーディングがしやすくなるはずです。

　このスプレッドのリーディングがスムーズにできるようになると、グラン・タブローのマスターがぐっと近づいてきます。

手順

過去	現在	未来
1枚目	2枚目	3枚目
4枚目	キーカード	5枚目
6枚目	7枚目	8枚目

①質問内容を決めます。質問の内容に沿って、キーカードあるいは人物カードを抜いておきましょう。

②残りの35枚のカードをシャッフルし、カットします。

③カードをひとつにまとめ、その中からカードを8枚引きます。

④①で抜き取っておいたキーカードを中心に置き、左上から右に3枚、2段目はキーカードを挟んで2枚、3段目は左から3枚順に並べます。

⑤初めにリーディングするのは中央の縦に並ぶ3枚のカード。この3枚が表しているのは現在・現状。人物カードあるいはキーカードを挟む2枚で、いま相談者がどのような状況や立場にあるのかがわかります。

⑥次に見るのは左側の縦3枚。このパートに現れるのは相談内容の原因（過去）。どのような経緯で現在に至ったのか、何が原因でいま問題を抱えているかがわかります。

⑦次に見るのは右側の縦3枚。未来がどのように展開していくかをリーディングします。この3枚で、相談者の今後や問題の結果、解決のためのアドバイスを知ることができるでしょう。

⑧縦のリーディングの次は横に並ぶ3枚をリーディングしていきます。
　上段の3枚が表すのは周囲から〈こうなりたい・こう見られたい〉といった質問者の希望や願望、または周囲に対して見せている表向きの顔や表層心理。表層心理とは、普段の行動パターンや自分で認識している意識のことです。

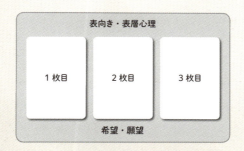

⑨中段の3枚が表すのは、人物カードあるいはキーカードがいまの状況や状態をどのようにとらえているかということ。たとえば、実際は厳しい状況にあるのに楽観的に考え過ぎていたり、反対に、さほど深刻な状況ではないのに悲観的にとらえ、マイナス思考に陥っていたりなど、人それぞれの問題のとらえ方が浮かび上がってきます。
　中段のカードに注目すれば、問題の状態と質問者の考え方を客観的にとらえることができるでしょう。明確になったぶん、好転させる方法も見えてきます。

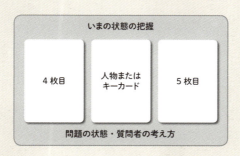

⑩下段の3枚が表すのは、質問者が問題に対して、心の底ではどうしたいと思っているのか、本人すらも気がついていない深層心理。

上段の3枚で鮮明になった表層心理と下段の3枚で浮き彫りになった深層心理に大きな違いがある場合、本人が問題を複雑にしている可能性があります。

そういう場合には、表層心理といまの状況との差をなくすことで、質問者が抱える問題は解決に向かうでしょう。

サンプル・リーディング

Q　昔から夢だったフラワーアレンジメントの教室を開きたいと思っています。いまの事務の仕事を辞めて、本格的に活動しても大丈夫でしょうか？　それとも趣味にとどめておいたほうが良いのでしょうか？

A　まずスプレッド全体をおおまかにつかみましょう。
　悩みごとの発端や原因にあたる左側の縦のラインには「ハート」「子供」「雲」のカード。現在・現状を表す縦のラインには「星」「淑女」（相談者）「道」のカード。

未来・アドバイスを表す縦のラインには「クロス」「山」「船」が並んでいます。

次に見るのは横の段です。上段には「ハート」「星」「クロス」のカード。この3枚が表すのは〈こうなりたい〉という願望・希望・表層心理。

中段には「子供」「淑女」（相談者）「山」のカード。この3枚には彼女がこの問題に対してどう向き合っているかが出ています。

下段には「雲」「道」「船」のカード。この3枚が表しているのは彼女の本心や深層心理、またはこの問題が心の奥底でどんな影響を及ぼしているのかということ。

全体がおおまかにつかめたら、1列ずつ丁寧に見ていきます。

1. 過去を表す縦のライン

過去のラインには、いま抱える問題の原因が現れています。この3枚は「ハート」がフラワーアレンジメントの講師や教室を開きたいという〈情熱〉を、「子供」は〈ずっと昔から〉〈子供のころから〉といった質問者が以前から抱いてきた想いを、「雲」は先の見えない〈不安〉を表しています。

3枚をコンビネーション・リーディングすると

ずっと昔から（子供）、フラワーアレンジメントの講師になりたいという情熱（ハート）があったにもかかわらず、不安があって（雲）実現できていない

となります。

2. 現実を表す縦のライン

現実のラインには質問者の現状が現れています。キーカードを含めた3枚のキーワードは「淑女」が〈相談者〉、「星」が〈目標・夢・希望〉、「道」が〈選択〉。

3枚をコンビネーション・リーディングすると、

彼女（淑女）はいま、目標（星）に向かって歩き出そうとしている（道）

と読むことができます。

不安はあるものの、彼女の気持ちは、すでにフラワーアレンジメントの仕事のほうにあるのでしょう。

3. 未来を表す縦のライン

未来のラインには、相談者の未来とアドバイスが映し出されています。

それぞれのカードのキーワードは「クロス」が〈運命・重責〉、「山」が〈試練・壁・スランプ〉、「船」が〈スキル・アップ・前進・フリーランスの仕事〉。

「クロス」の〈運命〉と、「船」の〈フリーランスの仕事〉のコンビネーションで、この仕事が天から与えられた仕事、「天職」だとわかります。「山」は〈試練〉を表

しますが、「船」には〈前進〉というキーワードがあるので〈試練を乗り越える〉とリーディングできます。

　この3枚をリーディングすると

　フラワーアレンジメントの仕事は天職(クロス)。けれども、成功するためにはいくつもの壁と向き合うことに(山)。最初は軌道に乗らず挫折を感じることも(山)。成功の秘訣は常に新しい技術を取り入れること。向上心を持ち続けていれば、困難は乗り越えることができる(船)

となります。

　試練はありますが、努力を怠らなければ天職と感じる瞬間が訪れるようですね。

4. 上段の3枚

　上段の横3枚には質問者の希望・願望・表層心理が現れています。

　それぞれのカードのキーワードは「ハート」が〈情熱〉、「星」が〈目標・希望・夢〉、「クロス」が〈運命・重責〉。

　この3枚から

　フラワーアレンジメントの仕事に情熱を傾け(ハート)多少の苦労を背負ったとしても(クロス)、夢を叶えたい(星)

と心から願っていることがわかります。

5. 中段の3枚

　中段の横3枚には、質問者がこの問題にどのように向き合っているのかが現れています。
　それぞれのカードのキーワードは「子供」が〈新しいこと・未熟・未完成〉、「山」が〈試練・壁・スランプ〉。
　彼女（淑女）は、新たな一歩（子供）を踏み出す勇気が持てない。目の前にある高い壁（山）を未熟な自分（子供）が乗り越えられるかがわからず不安とリーディングできます。
　この中段のリーディングからは、彼女が新たな挑戦が簡単には成し遂げられないことだと理解していることがわかります。

　ここでポイントとなるのは、縦のライン1でリーディングした「子供」のキーワードが変化しているということ。物語を創るように占うために、その物語に合うキーワードを採用していきましょう。

6. 下段の3枚

下段の横3枚には、質問者の本心や隠された想い、深層心理が現れています。
　それぞれのカードのキーワードは「雲」が〈一旦停止・行き先が見えない〉、「道」が〈選択・進むべき道〉、「船」が〈前進・チャレンジ〉。
　3枚をリーディングすると
　フラワーアレンジメントの仕事へのやる気（船）はあるものの、先行きが見えずチャレンジ（船・雲）できていない。行先（道）が霧に隠れて（雲）道に迷っている
となります。

7. 上段と下段を比較する

　ここで希望・願望・表層意識が現れている上段の3枚と本心・深層心理が現れている下段の3枚とのリーディングを比較してみると、上段と下段では気持ちに温度差があることがわかります。
　上段では〈多少の苦労を背負ってでも夢を叶えたい〉という前向きな気持ちを持っていたにもかかわらず、下段では〈先行きが見えず不安でチャレンジできない〉と後ろ向きに。チャレンジしたい心はあっても、不安のほうが勝っているようです。
　そんな彼女がとるべき行動は？
　その答えは、未来のラインにあります。未来のラインで出したリーディングをベースにまとめていきましょう。

❖ リーディングまとめ ❖

　ずっと昔からの夢だったフラワーアレンジメントの仕事に、強い思いがあるのなら、その道を信じて進んでください。先行きが不安なのも、一歩踏み出す勇気がないのも、自信の無さからきています。自信をつけるには、いまよりもっと努力して、新しい技術を学び、どんどん取り入れること。
　もちろん独立したとしても、最初からうまくいくとは限りません。スランプを味わうこともあるはず。けれども、その仕事は天職です。情熱と向上心を持ち続けていれば、困難は必ず乗り越えることができるでしょう。

ステップ6　36枚グラン・タブローを学ぶ

　いよいよ最終ステップ、グラン・タブローです。グラン・タブローの魅力は、一度カードを展開したら、そのレイアウトだけで恋愛でも仕事でも人間関係でも、なんでも見通すことができるところ。占いたい事柄に応じて、幾度もカードを並べ直す必要がないのです。

　また、グラン・タブローは36枚のカードを使うテクニックは世界共通なのですが、レイアウトや解釈方法には絶対というものが存在していません。解説者の数だけ、方法や読み方があります。

　直感と瞬間的イメージを大切にするルノルマン・カード占いは、その人オリジナルの占い方が次々と生まれていくからなのでしょう。

　これから紹介するのは、講習や鑑定の現場で実際に使っているグラン・タブローです。スマートに展開ができるため、覚えやすく実践にとても向いています。

　リーディングする枚数は増えますが、ここまで学んできたことが基礎となっています。存分に力を発揮してください。

レイアウト1　（9列×4段）

　横に9枚、縦に4段並べ、キーカードのある列の縦4枚をリーディングするシンプルな方法です。4枚のコンビネーション・リーディンクの方法については、ステップ3（93ページ）を参考にしてください。

手順

①セットの中から「紳士」「淑女」のカードを1枚ずつ選んでください。本書は特別に3枚ずつ人物カードが入っていますので、好きなカードを選ぶことができます。通常は「紳士」「淑女」のカードは1枚ずつのセットです。
②①で選んだ人物カードを混ぜ、36枚すべてのカードをシャッフルし、カットします。
③カードを1枚置き、その右側に1枚ずつ計9枚並べます。
④次に最初のカードの下にカードを1枚置き、②と同じように左端から9枚並べます。

⑤3段目、4段目も同じように並べます。これで36枚すべて並べ終えました。

⑥初めにグラン・タブローの初歩である1年の運勢を占います。

1年間のあらゆる運勢を占うにあたって、軸となるのは〈今年のテーマ〉。

〈今年のテーマ〉は質問者が女性なら「淑女」、男性なら「紳士」のカードの入った縦4枚からリーディングします。リーディングの方法はステップ3のキーカード+3枚と同じです。

⑦次にキーカードを探します。1年の総体運なら「太陽」、恋愛運なら「ハート」、金運なら「魚」、仕事運については、正規社員や安定している仕事なら「錨」、フリーランスや契約社員、アルバイトやパート・タイムなら「船」のカードがキーカードです。詳しいキーカード・ガイドは付録Ⅲに掲載されています。

⑧⑥で導き出した〈今年のテーマ〉に沿って、キーカードの入った縦4枚の列をリーディングします。別の運勢を見る場合には、キーカードを変更しましょう。

1枚目	2枚目	3枚目	4枚目	5枚目	6枚目	7枚目	8枚目	9枚目
10枚目	11枚目	12枚目	13枚目	14枚目	15枚目	16枚目	17枚目	18枚目
19枚目	20枚目	21枚目	22枚目	23枚目	24枚目	25枚目	26枚目	27枚目
28枚目	29枚目	30枚目	31枚目	32枚目	33枚目	34枚目	35枚目	36枚目

サンプル・リーディング

Q 今年1年の運勢を教えてください。

【今年のテーマ：「淑女」の列】
「樹木」「淑女」「月」「道」
今年の「淑女」のテーマは、成長（樹木）・夢（月）・選択（道）。

A―1
1. まずは質問者が女性の場合。36枚の中から「淑女」のカードを探し出し、「淑女」を含む縦の4枚をリーディングします。

　この1年は、夢の実現のため、いくつもの選択をすることが求められます。自分と向き合う時間も増え精神的な成長も期待できそうです。

郵 便 は が き

1 0 8 - 8 7 9 0

5 1 2

料金受取人払郵便

高輪局承認

1613

差出有効期間
2027年3月
31日まで

東京都港区芝浦 3-17-12 吾妻ビル5階

駒 草 出 版 株式会社ダンク　行

lıilı·l·ııllıl·lı·lllı·ıllılılıılı·llılılılılılıllll

ペンネーム

☐男 ☐女 (　　　)歳

メールアドレス (※1)　新刊情報などのDMを ☐送って欲しい ☐いらない

お住いの地域

都 道
府 県　　　　　　市 区 郡

ご職業

※1 DMの送信以外で使用することはありません。
※2 この愛読者カードにお寄せいただいた、ご感想、ご意見については、個人を特定
できない形にて広告、ホームページ、ご案内資料等にて紹介させていただく場合
がございますので、ご了承ください。

駒草出版 株式会社ダンク出版事業部　https://www.komakusa-pub.jp/

本書をお買い上げいただきまして、ありがとうございました。
今後の参考のために、以下のアンケートにご協力をお願いいたします。

(1) 購入された本についてお教えください。

書名:

ご購入日:　　　　　　年　　　月　　　日

ご購入書店名:

(2) 本書を何でお知りになりましたか。(複数回答可)

☐広告(紙誌名:　　　　　　　　　　　　　　　) ☐弊社の刊行案内
☐web/SNS (サイト名:　　　　　　　　　　　　) ☐実物を見て
☐書評(紙誌名:　　　　　　　　　　　　)
☐ラジオ／テレビ(番組名:　　　　　　　　　　　　　　　)
☐レビューを見て (Amazon／その他　　　　　　　　　　　)

(3) 購入された動機をお聞かせください。(複数回答可)

☐本の内容で　　☐著者名で　　☐書名が気に入ったから
☐出版社名で　　☐表紙のデザインがよかった　　☐その他

(4) 電子書籍は購入しますか。

☐全く買わない　　☐たまに買う　　☐月に一冊以上

(5) 普段、お読みになっている新聞・雑誌はありますか。あればお書きください。

(6) 本書についてのご感想・駒草出版へのご意見等ございましたらお聞かせください。

(※2)

【1年の総体運：「淑女」＋「太陽」の列】
「樹木」「淑女」「月」「道」「本」「船」「太陽」「キツネ」

今年の「淑女」のテーマは、成長（樹木）・夢（月）・選択（道）。1年の「淑女」の総体運は、学び（本）・チャレンジ（船）・栄光、成功（太陽）・追求、研究（キツネ）。

【淑女の恋愛運：「淑女」＋「ハート」の列】
「樹木」「淑女」「月」「道」「ハート」「庭園」「指輪」「鍵」

今年の「淑女」のテーマは、成長（樹木）・夢（月）・選択（道）。1年の「淑女」の恋愛運は、ハート（恋愛）・パーティ（庭園）・約束（指輪）・ヒント（鍵）。

2. 次に今年の総体運を見ます。キーカードは「太陽」。

　この1年は、勉強や学問、資格取得などのスキル・アップに力を入れるのが良さそうです。やる気次第では大きく成長し、夢を実現できるチャンスを掴めるでしょう。とことん追求することで道は拓けます。

＊「キツネ」のカードの嘘や偽善といったネガティブな要素は、「太陽」のカードによって、追求するという意味に変化します。

3. 質問者（女性）の恋愛運を見ていきます。キーカードは「ハート」。

　異性との出会いの兆しが人の集まる場に出ています。同じ夢を持つ人たちが集まるオフ会や親睦会などのパーティに参加してみましょう。そこで意気投合した人とは、早々にデートの約束をすることになりそうです。

＊「鍵」のカードは、恋愛運を引き寄せるヒントを表しています。「庭園」のカードとコンビネーション・リーディングをすると、〈同じ夢を持つ人たちが集まるところに恋愛が発展するヒントがある〉とリーディングできます。

A—2

1. 質問者が男性の場合は「紳士」のカードを探します。

【今年のテーマ:「紳士」の列】
「紳士」「子供」「ユリ」「コウノトリ」
今年の「紳士」のテーマは、未完成、未熟(子供)・経験の豊かさ(ユリ)・変化(コウノトリ)。

この1年は、中途半端にしていたものを完成させましょう。そのためには経験を積むことと意識改革が必要です。

2. 次に質問者(男性)の今年の総体運を見ます。

【紳士の総体運(年運):「紳士」+「太陽」の列】
「紳士」「子供」「ユリ」「コウノトリ」「本」「船」「太陽」「キツネ」
今年の「紳士」のテーマは、未完成・未熟(子供)・経験の豊かさ(ユリ)・変化(コウノトリ)。
1年の「紳士」の総体運は、学び(本)・チャレンジ(船)・栄光、成功(太陽)・追求、研究(キツネ)。

この1年の中で、子供から大人へと成熟する時機を迎えそうです。その成長に必要となるのは経験値と、さまざまなことにチャレンジする行動力。尊敬できる年上の人をお手本にし、着実に経験値を積んでください。また、新しい価値観を受け入れると、ものの見方が広がります。大きな視野で世界をとらえていけるようになるでしょう。

* 「紳士」も「淑女」も総体運は同じ「太陽」を含む縦4枚でリーディングをするのですが、結果的に総体運の内容はまったく別のもの。〈今年のテーマ〉の内容が異なると、リーディングの結果も変わってくるのです。

110

【紳士の金運：「紳士」＋「魚」の列】
「紳士」「子供」「ユリ」「コウノトリ」「犬」「魚」「錨」「塔」

今年の「紳士」のテーマは、未完成・未熟（子供）・経験の豊かさ（ユリ）・変化（コウノトリ）。

１年の「紳士」の金運は、信頼（犬）・蓄え（魚）・堅実（錨）・保守、守り（塔）。

3. 質問者（男性）の金運はどうなっているでしょう。金運は「魚」のカードの入った列を見ていきます。

　無駄を省き、蓄えを少しずつでも増やす努力を。自己管理では挫折しがちなので、信頼できる銀行に相談し、積立定期預金などで着実に貯金するのが今年は向いているでしょう。

＊未成熟から円熟への変化が彼の今年のテーマ。「魚」と「塔」のコンビネーションで銀行を表しますが、「錨」や「塔」も安心や安定を示すカード。これらのリーディングから、資産管理や蓄えをいい加減にせず、腰をすえて取り組むべきというメッセージが浮かび上がってきます。

　ここまでリーディングを行ってきて、このスプレッドで重要となるのは、キーカードの入った列をそれぞれしっかりリーディングしておくことだということに気づいたかと思います。
　ここでは総体運のほかに恋愛運と金運をリーディングしましたが、仕事運や健康運などにもチャレンジしてみてください。

レイアウト2（8列×4段＋残りのカード）

　ルノルマン・カードは恋占いに大変適しています。これから学ぶレイアウト2は、その中でも特に関係性が明確に表れる展開法です。

　ルノルマン・カードの恋愛占いには、多くの言葉はいりません。なぜなら、人物カードに注目すれば、ひと目でその恋の状況がわかるからです。

　相性や、相手との恋の行方は、人物カードの顔の向きや、カード同士の距離で判断します。

❸ 手順 ❸

①登場させる人物の人数を決定します。本書のセットには、「紳士」「淑女」のカードがそれぞれ3枚ずつ、合計6人のキャラクターが用意されています。占いたい事柄に合わせて「紳士」「淑女」のカードを選んでください。複雑な三角関係を占うのなら、「紳士」を1枚、「淑女」を2枚というふうに登場人物の人数に合わせて、カードの枚数を変動させましょう。

　ここからは、恋愛関係について占う場合を例とし、説明を続けますが、キーカードを変えれば、仕事や家庭など別の事柄についても占うことが可能です。

②選んだ人物カードを入れ、すべてのカードをシャッフルし、カットします。

③左上から1枚ずつ横に8枚並べ、同じものを4段作ります（8枚×4段）。残った4枚は1番下の5段目の中央に並べて置いてください。人物カードが複数になる場合は、その5段目の枚数を増やしましょう。

④リーディングのためのスタイルを決めます。

　グラン・タブローは、全てのカードを並べるスプレッドであるため、ネガティブなカードも並びます。ところが慣れないうちは、ネガティブなカードに注意を引かれがちに。特に影響が及ばないカードまでリーディングに取り込んでしまい、カードからのメッセージを取り違えてしまうことがあります。

　そうならないためには、あらかじめ人物カードやキーカードの周辺を、どのような形で読み込んでいくか、スタイルを決めておきます。スタイルは1から3まであります。

スタイル1　5枚リーディング

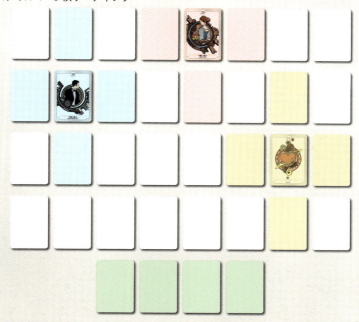

　スタイル1は、ステップ4の5枚リーディングの応用編。「紳士」「淑女」、その他のキーカードを取り巻く上下左右5枚をリーディングします。展開図のように「淑女」が1番上に来ている場合は「淑女」を含む4枚をリーディングした後に、1番下の段の4枚のメッセージを解読します。頭の中を整理しながら、丁寧にリーディングしましょう。

　主役となる質問者の人物カードが右端に来たときには、1番下の5段目の4枚を使って、リーディングを補ってください。慣れないうちは、もう一度シャッフルをして並べ直してもかまいません。

113

スタイル2　9枚リーディング

　スタイル2はステップ5の9枚リーディングの応用編です。「紳士」「淑女」、その他のキーカードの周囲をすべてリーディングします。

スタイル３―１　縦読みリーディング

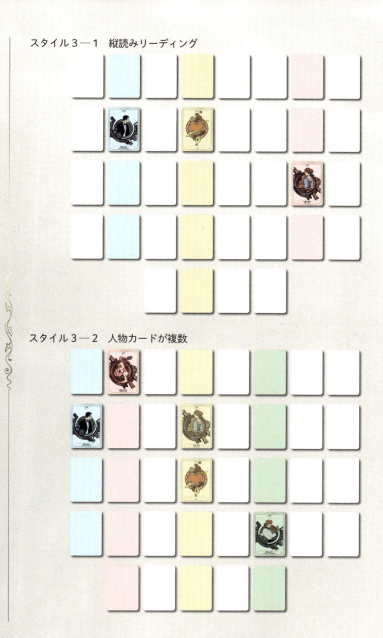

スタイル３―２　人物カードが複数

スタイル3─1と3─2はレイアウト1の縦読みリーディングの応用編。人物カードを複数枚、登場させたいときに適しています。人物カードをすべて入れて、40枚にしたい場合には列をふたつ増やして10枚×4段のスプレッドにしてください。122ページからのエレメンタル・グラン・タブローのサンプル・リーディングでは、実際に40枚を使った場合のリーディングを見ることができます。参考にしてみてください。

⑤リーディング・スタイルが決まったら、スプレッド全体を把握します。

ⅰ 本人を想定したカードと、相手となる人物のカードの位置を確認します。質問者が女性であるなら「淑女」、男性なら「紳士」のカードです。

　　人物カードが近くで見つめ合っているなら相性は良好、カード同士が遠く離れていて背を向けているなら距離があり、恋愛関係に進むためにはまだまだ時間がかかる心配があります。片方だけが見つめているなら、気持ちが届いていない、または片思いとリーディングしていきます。

　　また、隣同士であるにもかかわらず、背を向けている場合は意地を張り合っていたり、なかなか勇気が出なくて告白できないという、じれったい関係。上下にカードが並んだ場合は、価値観の違い、愛情に温度差があることを表しています。

　　本書では遠近の範囲は人物カードから3列以上3段以上離れていると〈遠い〉とし、それ以内は〈近い〉と設定しました。

ⅱ ここでは恋愛関係について、占っているので「ハート」のカードの位置を確認します。

　　人物カードを基準にし、キーカードの位置が人物カードから近いか遠いか、高い位置にあるか低い位置にあるかを見てください。

　　人物カードと近い位置に恋愛を表す「ハート」のカードがあれば、ときめく恋がすぐ近くにあるということ。「ハート」のカードが、人物カードから離れているようなら、恋はすんなりとは先に進んではくれないかもしれません。意中の人がいない場合も異性との出会いや新しい恋愛が訪れるのには時間がかかりそうです。

　　さらに「ハート」のカードの周辺をよく観察してください。問題点や解決のヒント、幸せな恋愛へと発展する秘訣が表れているはず。「花束」や「クローバー」などポジティブなカードがあれば、デートのお誘いやプレゼントなど心躍るサプライズが待ち受けていそう。

　　けれども、ネガティブなカード（「ヘビ」「棺」「キツネ」「鞭」など）が近くに

あれば恋敵の存在や失恋の心配があります。

iii　グラン・タブローを 1 枚の絵画と見立てたとき、壁にピンで留める四隅にあるカードのことを「ピン・カード」と呼びます。この 4 枚のカードから読み取れるのは幸福へのアドバイスや警告。
　スタイル 3 のように人物カードを増やす場合は、1 番下の段のカードもすべてアドバイスととらえていくと、さらに深いリーディングとなるでしょう。

サンプル・リーディング

〈スタイル1を使って恋愛の相性や今後の恋の行方を占う〉
Q 片思いしている人がいます。昨日、メールで告白したのですが返事をもらえていません。彼は受け止めてくれますか？ 今後はどうなるのでしょうか？

A 最初に、彼女を表す「淑女」のカードと、彼を表す「紳士」のカードの位置を確認します。

「淑女」は上から2段目にあり、「紳士」のほうを見つめています。「紳士」は一番下の段にあり、顔は「淑女」のほうに向いています。

「紳士」と「淑女」は見つめ合っているものの、ふたりのカードの間には別のカードが3枚あります。これはやや遠くであるということ。おそらくふたりの仲がまだ恋愛関係に発展していないためでしょう。

今後のふたりの関係について、順にリーディングをしていきます。

【過去「本」】【現状「子供」】【ヒント・本心「鎌」】
【未来・結果「星」】

1. 「淑女」のカードをリーディング

　彼女は、彼への思いをずっと胸にしまい込んでいました（本）。

　けれども、このままでは平行線だということに気づいたよう。たとえ失恋したとしても（鎌）、告白して新しい関係に進みたいと（子供）、一念発起し彼に想いを打ち明けました。未来には、希望に満ちた日々が訪れる（星）と出ています。返事は来ていないものの未来は明るいようです。

【現状「犬」】【未来「指輪」】

2. 「紳士」のカードをリーディング

　彼のカードの周辺を見ていきましょう。もっとも左端に「紳士」のカード。この恋愛に対して彼には過去がありません。これは、彼が、彼女のことを知らなかった、もしくは意識していなかったということになります。

　彼の現状には「犬」。保守的な彼はどうやら、いきなりおつき合いするより、まずは友達からと考えているようです（犬）。未来には約束を表す「指輪」が出ていますから、彼女をデートに誘おうとしているのかもしれません。

　「紳士」のカードは左端で下にもカー

ドがなく、「紳士」のカードを含めても周辺には3枚のカードしかありません。このような場合は1番下の段の4枚のカードをリーディングに加えます。

　1番下の段には出ているのは、「ネズミ」「クローバー」「キツネ」「手紙」のカード。彼にとって彼女からの告白は、嬉しいことだったようです（クローバー）。いっぽうで、〈ひょっとして、からかわれているのではないか？〉とか〈相手を間違えているのではないのか？〉とにわかには信じられないという気持ちもあります（ネズミ・キツネ）。その疑心が彼女への返事を躊躇させているのでしょう。

【過去「錨」】【現状「庭園」】【ヒント「船」】【未来・結果「月」】

3.「ハート」のカードをリーディング
　今後の恋愛の行方は、「ハート」のカードで読み解きます。
　ずっと告白できなかった彼女。彼は彼女の気持ちに気がつかず、恋が安定する兆候は全くありませんでした（錨）。けれども、彼女の勇気が実り、少しずつ運命は動き出します。彼は、告白を受けてデートのプランを練っているよう（船・庭園）。未来には、「月」のカード。これは、今後ふたりの恋はロマンティックなものに発展していくことを表しています。

4. カードからのアドバイスを知るために「ピン・カード」を読む

【「紳士」「騎士」「山」「ユリ」】

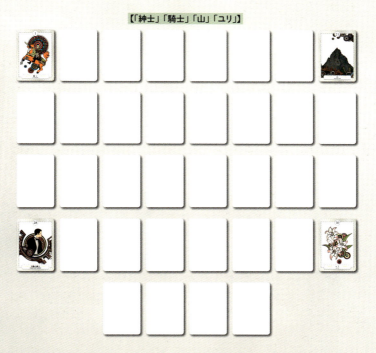

　奥手な彼からの返事は、まだしばらくかかりそう（紳士・騎士・山）です。けれども、彼は誠実に（ユリ）質問者のことを考えてくれています。彼を信じて（ユリ）焦らず返事を待ちましょう。

レイアウト3―1　四元素を取り入れた
エレメンタル・グラン・タブロー（9列×4段）

　レイアウト3では、106ページのレイアウト1（9枚×4段縦読み）に四元素を取り入れたグラン・タブローをご紹介します。

　このエレメンタル・グラン・タブローが、ほかのスプレッドと違っているのは登場人物たちが問題（占う内容）に対して、いまどのように感じ考え、行動しようとしているのが、段を通してわかるところです。登場人物の考えに合わせて、カードを縦にリーディングすると、その問題の対処方法が見えてきます。

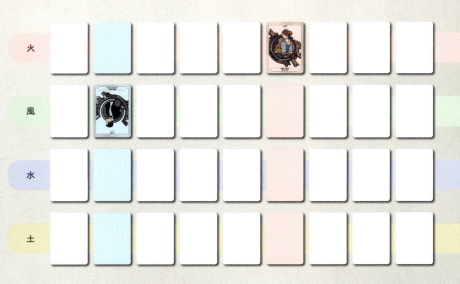

―⋮⋮⋰⋱手順⋰⋱⋮⋮―

① レイアウト1と同じやり方で9列×4段で、カードを並べます。
② 段ごとに四元素（火・風・水・土）が割り当てられている、スプレッドの左側に注目してください。段が表しているのは登場人物がこの問題（相談内容）に対して、いまどのように感じているのか、という心の中の動きと基本姿勢を表しています。それぞれの性質については次の表に整理してあります。

火	活動的　積極的　外交的　エネルギッシュ　強引　大胆　利己的　本能のまま 全力で進む　誠実　一点集中
風	自由　好奇心　仮想　空想　理論的　鋭い　軽やか　社交的　情報通　思想 分析　客観的　合理的　アイデアに富む
水	豊かな感情表現　受容的　情緒的　共感的　同情的　ウエット　心配性　執念深 い　嫉妬深い　優しい　流される　記憶力が良い　口下手
土	安定性　現実主義　所有欲　頑固　責任感が強い　苦労性　冷静沈着　実際的 実質的　安心感　体験を大事にする　確実に進む　計画的　外見重視

③恋愛相談だったと仮定して、リーディングを始めます。

「紳士」「淑女」のカードがどの段に出ているかを確認しましょう。

「淑女」は《火》の段にありました。彼女はいま恋愛に対して、全力で進む構えです。運命の相手を見つけたと感じているのかもしれません。

「紳士」は《風》の段。彼は、いま恋愛に好奇心はあるものの、特定の相手を想定してはいないようです。束縛しない関係を理想と感じています。

さらに「淑女」のカードは「紳士」のカードを見つめています。対して「紳士」のカードは逆位置。つまり、そっぽを向いています。「紳士」は恋の対象として、「淑女」を意識していないのでしょう。けれども《風》は《火》をあおる性質を持っているため、「淑女」の恋心は燃え上がっていく可能性が。奔放な彼の態度に、彼女はますます熱を上げそうです。

　このように、エレメンタル・グラン・タブローを使うと、「紳士」「淑女」の視線の向きと四元素のどの段にカードが配置されたかを見て、ふたりの現状を簡単にリーディングすることができます。

########## レイアウト3—2　オリジナル・カードを使ってさらに人物を分析！ ##########

　これからご紹介するのは、エレメンタル・グラン・タブローに、人物カードの3区分を掛け合わせて人物像を探るというスプレッドです。

　人物カードの3区分が表すのは本人の本質や基本的な行動パターン。四元素はその人物がこの問題（相談内容）に対して、いまとのように感じているのかといった心の中の動きと基本姿勢を表しています。

　1章の「28　紳士」「29　淑女」のカードの解説ページのおさらいになりますが、3種類のカードにはそれぞれ特徴があります。

「紳士」「淑女」のカードの特徴とサイン

区分	特徴	サイン
活動 CARDINAL	新たなスタートに集中し、行動を起こす。 独立心が高く、何事にも強気。 完成させることに関心を持たず、新しいものをいつも探している。 ドラマティック、直接的、衝動的、自分らしさを表現	牡羊座 蟹座 天秤座 山羊座
不動 FIXED	物事が長らく続くことを望んでいる。 変化を嫌い、自分なりのやり方を貫く。 スタミナがあり、粘り強い。 頑固、入念、緩慢な動き、自己の価値を尊ぶ	牡牛座 獅子座 蠍座 水瓶座
柔軟 MUTABLE	あらゆる状況に適応し、対処する。 外的な力に影響を受けやすい。 争いごとを避けるために、自分を変化させる。 臨機応変、散漫、順応的、完成を目指す	双子座 乙女座 射手座 魚座

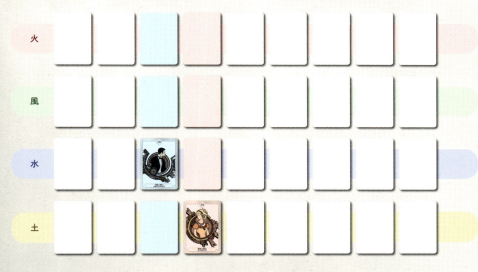

❧ 手順 ❧

① 人物カードを選びます。カードの選び方は直感でも、好みでもかまいません。誕生日がわかっているのであればサインからでも選べます。
② レイアウト1と同じやり方で9列×4段で、カードを並べます。人物カードをフルに使う場合は10列×4段にしてください。
③ 「紳士」「淑女」のカードの位置を確認します。
　「紳士」「淑女」の2枚のカードの視線は、見つめ合っていますからお互いを意識していることは確かです。
　《水》の段に「不動の紳士」があります。
　「紳士」のカードが《水》の段にあるときは、相手に共感する部分を見つけたり、心配をしている状態のときです。
　「不動の紳士」は変化を好まず、行動を起こすのに時間がかかるのが特徴です。
　掛け合わせると、あまり行動的ではない彼ゆえに、相手のことを心配しつつも、いまはそっと応援してあげたいという気持ちが強いと読めます。
　《土》の段に「柔軟の淑女」があります。

「淑女」のカードが《土》の段にあるということは、この恋愛をクールにとらえており、少しずつ相手を知るところから始めたいと考えていると読めます。
「柔軟の淑女」は、あらゆる状況に対応するのが特徴です。
　総合的に見ると、彼女が彼の本質を知るにつれ、彼の深い想いを受け止めていくことになるようです。進展は遅々として進まない可能性がありますが、確実に愛を育てられるふたりでしょう。

サンプル・リーディング

〈人物カードをフルに使って人間関係をあぶり出す（10列×4段）〉
Q　仕事で新しくプロジェクトチームを組むことになりました。皆でうまく企画を進めていけるか心配です。

A　職場の人間関係を心配する女性からの相談です。
1. 主役のカードをリーディング
　まずは主役（相談主）の人物カードから見ていきましょう。
　相談主の彼女のカードは「不動の淑女」。特徴は、スタミナがあり、粘り強いということ。頑固な面もあります。
　《水》の段に出ていますから、今回の相談にある新チームの企画に対して、感傷的な気持ちになり、不安を抱いていそうです。

どんなことに不安を感じているのでしょうか。縦の列のカードを見てください。縦の3枚は「活動の淑女」、「山」、「子供」のカードです。
　相談者は、この新しい企画（子供）がつらく苦しい試練（山）と感じています。「活動の淑女」と本人のカードの間に「山」がありますから、相談者はチームメイトの「活動の淑女」に打ち解けることができていないようです。苦手意識すら芽生えていそうです。
　新規の企画のみならず、人間関係に憂うつの種があったら、不安が膨らんでもしかたありません。

2.　鍵となる人物カードをリーディングする
　では、「活動の淑女」は、どうとらえているのでしょう。
　「活動の淑女」の特徴は、新しいスタートに集中し、行動を起こすということ。《火》の段に出ていますので、新企画に対してやる気をみなぎらせていそうです。「活動の淑女」にとっても新しい企画（子供）は試練（山）となりますが、ドラマ性を好む傾向があるので、それをうまく乗り越えられればアピールになると考えているのでしょう。
　試練のとらえ方も、人物カードの3区分の特徴と、四元素との組み合わせで違うことがわかります。

3. 他の登場人物の動向を探る

　他の登場人物も見ていきましょう。少し離れた場所に「柔軟の淑女」が《風》の段に出ています。

　「柔軟の淑女」の特徴は、あらゆる状況に適応し、対処するということ。《風》の段に出ていますので、今回の企画に対して空気を読みつつ、自由な発想で貢献したいと考えているようです。

　縦のカード3枚は、「手紙」「本」「錨」。仕事（錨）に役立つ資料集め（本）や企画に関連する情報収集（手紙）が彼女の主な役割となりそう。《風》の段に出ていることもあり、ぴったりの役割となるはずです。

4. 異性のメンバーを探る①

　「不動の紳士」が《土》の段に出ています。

　「不動の紳士」の特徴は、いつでも入念な姿勢を崩さないこと。落ち着きと安定感があります。

　《土》の段にいますので、今回の企画に対して、責任感を感じ、完璧にやり遂げたいと願っているようです。

　縦3枚のカードは、「塔」「鍵」「犬」。彼はこの企画を成功させる鍵（鍵）です。職場での（塔）信頼（犬）を築き、チームをまとめる役割を担うことになります。

　「不動の紳士」の特徴と《土》の段に表れている現在の感情を合わせてみても、ふさわしい役回りです。

5. 異性のメンバーを探る②

「活動の紳士」が、《風》の段に出ています。

「活動の紳士」の特徴は、独立心が高く、何事にも強気。スタート時こそ勢いはありますが、持続力は期待できません。

《風》の段に出ていますので、今回の企画に対して、好奇心のおもむくままに行動したいと願っているようです

縦の3枚は「鞭」「船」「熊」。彼は自分の考えややり方を強引に（熊・鞭）推し進めようと（船）するでしょう。「活動の紳士」は自分らしくあることにこだわるため、チームの皆に相談無しに、衝動的に動く危険性があります。

本質的にはリーダーの素養があるのですが、今回の企画においては、まとめ役をお願いするのはやめておいたほうが無難です。

6. 異性のメンバーを探る③

「柔軟の紳士」が、《水》の段に出ています。

「柔軟の紳士」の特徴は、争いごとを避けるために自分を変化させるということ。

《水》の段に出ていますので、今回の企画に対して、粘り強く最後まで頑張りたい気持ちが強いようです。また、相談者の女性の不安を彼だけは気づいているかもしれません。

縦の3枚は「星」「花束」「魚」。鋭いセンス（花束）で、次から次に（魚）

アイデアを量産する活躍ができそうです。

7. 成功を導くために4つの角（ピン・カード）を読む
　ここまで、6人のキャラクターと、今回の仕事に向かう希望や姿勢をリーディングしてきました。
　それぞれの個性を活かし、成功への導くヒントを与えてくれるのは4つの角のピン・カード。
　ピン・カードは、「ハート」「庭園」「鳥」「樹木」です。

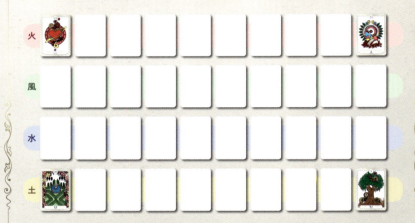

　仕事をうまく進めていくには、食事会（庭園）などを通じて、コミュニケーションを重ねていく（鳥）のが良いでしょう。幹事には「柔軟の紳士」がベスト。日程や席順まで配慮が行き届きます。開催場所は「柔軟の淑女」に選んでもらうと全員の満足を得られそうです。相談者が距離を感じている「活動の淑女」とは、他のメンバーもいる場なら気さくに話もできるはず。楽しい時間が進むにつれて（樹木）、お互いの気持ち（ハート）がオープンになっていくでしょう。この企画への想い（ハート）も、気心が知れれば明らかになっていくはずです。
　実際の現場では「活動の紳士」がひとりで突っ走ってしまわないよう、情報（鳥）の共有（庭園）が必要です。
　情報収集や資料集めを「柔軟の淑女」が行い、それを元に、「柔軟の紳士」がセンスのある発想を生み出していく。皆の意見をまとめ、行動に移すのは「活動の淑

女」と、押しの強さがある「活動の紳士」。最終的なまとめ役には、「不動の紳士」が適任です。そのサポート役には相談者である「不動の淑女」。

　それぞれの役割をうまく果たすことができれば、強いチームワークで、この仕事を成功へと導けるでしょう。

レイアウト4　ローズ・グランタブロー（7列×5段＋人物カード）

　ここから紹介するのは、わたしのオリジナルスプレッドです。長年、さまざまなレイアウトのグラン・タブローで鑑定してきて、どのレイアウトにも長所と短所があることに気づきました。そこで編み出したのがこの7枚×5枚のレイアウト。いままでのグラン・タブローの長所を残し、短所を改良した使いやすいスプレッドです。

❈ 手順 ❈

①質問者が女性なら「淑女」、男性なら「紳士」のカードをあらかじめ抜いておきます。

②残りの35枚のカードをシャッフルし、カットします。

③カードを左から7枚並べます。それを5段繰り返してください（7列×5段）。

④最後に抜いておいた人物カードを中心のカードの上に重ねるように置いてください。人物カードと同じ位置にあるカードは、この人物に強く影響している事柄やもっとも重要視すること、問題に対するテーマを表します。

⑤人物カードの配置と、テーマになるカードを確認したら、人物カードを中心にステップ5で紹介した9枚をリーディングします（ピンクの部分）。
1、4、7と番号がついたポジションは最近起きた出来事や過去、2、5、8は現状、3、6、9は近い未来を表しています。

⑥ブルーの部分は現在より離れた時間軸を表しています。10、11は少し前の過去。12、13はもう少し先の未来となります。

⑦紫の部分は質問者には見えていなかったり、気づいていないものが現れます。14は本人の意識の外にあることや、本心や深層心理。15はこれから起こりつつあることや直面すること、あるいは建前や表向きの顔を表しています。

ポイント1　カードの距離で時期を知る

　人物カードとキーカードとの距離を計ることによって、質問者に影響を与える時期を知ることができます。
　例えば、「騎士」や「花束」のカードが表す吉報や贈り物。人物カードに近ければすぐに届けられ、遠ければなかなか届かないという意味になります。

ポイント2　4つの角（ピン・カード）が鍵

　7×5の角になる4枚のカード（緑の部分）。この部分が表すのは、問題解決のヒントやさらなる幸運を手にする方法。ここを読み解くことで、いますべき事柄が見えてきます。

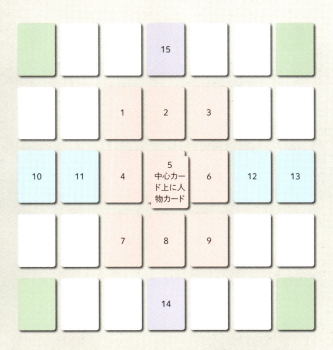

サンプル・リーディング

Q 彼が職場で主任に昇進しました。喜ばしいことのはずなのに、なぜか彼は浮かない顔をしています。今後の彼のことと、わたしが彼をどう支えれば良いのかをアドバイスしてください。

A 彼のことをメインに占うので、人物カードは「紳士」。「紳士」のカードを抜き、それ以外のカードをシャッフルし、カットして左上から順番に並べます。真ん中のカードの上に、抜き出しておいた「紳士」のカードを乗せて、スプレッドの完成です。

1.「紳士」と重なるカード（ポジション5）を見ていきましょう。「クローバー」は幸運のカード。彼にとってこの昇進はラッキーな出来事のようです。

2. なぜ、彼は元気をなくしているのでしょうか。これまでの経緯を読み取って、原因を探ります。問題の原因や発端に出ているのは、「紳士」のカードの左側（ポジション 10・11・1・4・7）です。

【過去、原因、発端（ポジション 10・11・1・4・7）：「星」「騎士」「淑女」「熊」「雲」】

　昇進の知らせが来ました（星・騎士）。チームを率いるリーダーとなる名誉なことです（熊）。けれども、彼にはそのリーダーという責任（熊）を担う自信がありません（雲）。この不安が彼の顔を曇らせているのでしょう。
　さらに、弱い自分を見せるのが嫌で（熊・雲）、不安をパートナー（淑女）に言い出せていない可能性があります（雲）。
　＊「熊」「雲」のカードをコンビネーション・リーディングした結果、「熊」の持つ力強さが「雲」によって弱まっていると読むことができます。

3. 次に問題の現状を見ていきましょう（ポジション 2・5・8）。

【現在、現状（ポジション 2・5・8）】：「紳士」「クローバー」「ユリ」「コウノトリ」

2でリーディングした「紳士」の左側では、自信がなく不安になっているようすが現れていました。

現状を見ると、いまの彼は、心境が徐々に変化し（コウノトリ）、落ち着き（ユリ）を取り戻しています。素直に（ユリ）、昇進の辞令に喜びや嬉しさを感じ始めているようです（クローバー）。

＊彼の気持ちの変化が「コウノトリ」として現れていますね。

4. 表面には現れていない部分（ポジション 14・15）をリーディングしていきます。

【見えない影響（ポジション 14）：「月」】

彼は控えめな性格ですが、周囲からは人気があり、彼を信頼している人が多くいるようです。

最初は思いもよらない抜擢に戸惑っていましたが、彼の昇進は皆も納得してくれています。今後は彼らのサポートも期待できるでしょう。

【起こりつつあること（ポジション 15）：「山」】

乗り越えていかなくてはいけない壁や試練があるようです。

やる気だけでは主任としての重責を担えないのかもしれません。向上心を持って努力することが求められています。

5. 今後はどうなっていくのか、未来や先行き（ポジション3・6・9・12・13）を見ていきましょう。

【未来、今後の展開（ポジション3・6・9・12・13）「クロス」「樹木」「ヘビ」「太陽」「ハート」】

　主任の立場には責任があり、いままでにはないプレッシャーがのしかかっています（クロス）。ただ、彼自身の努力と周囲のサポートで成長を続けられそう（樹木）。転んでも起き上がる粘り強さも備わって（ヘビ）くるでしょう。そうした奮闘と持ち前の運の強さ（クローバー）は近い未来に実を結ぶことに。結果的にはさらなる栄光を手に入れ（太陽）、これまで以上に仕事への情熱（ハート）が生まれてくるにちがいありません。

　未来、今後の展開を読むときに8のポジションは読まないのですが、このスプレッドでは「ヘビ」の隣に「コウノトリ」があります。この2枚をコンビネーションで読むと〈再生〉〈復活〉〈強い生命力〉と解釈できます。

　「ヘビ」と「コウノトリ」のコンビネーション、ネガティブな要素を消す「太陽」、ポジティブ要素をアップさせる「クローバー」といった特殊な効果を持つカードは、リーディングするカードと隣り合っていれば効果が発動されますので、周囲のカードにも目を配ってください。

さらに補足すると、「紳士」のカードの周辺に「山」「樹木」「ユリ」のカードが存在しています。

　「山」と「樹木」は、長期的な時間の流れと成長を表すコンビネーション。長い年月を経て「山」に「樹木」が根づき、「樹木」が「山」を育てるイメージから、この解釈は生まれています。同じく「ユリ」も、時間をかけて成熟することを表すため、これら3枚のリーディングから彼が今後素晴らしい男性へ成長していくようすがうかがえます。

　これはポジションから導き出すのではなく、スプレッドから浮かび上がってくるイメージをキャッチする上級テクニックです。最初は難しいと思いますが、イメージを膨らませ、解釈を創り出すテクニックができるようになると、リーディングに深みが加わっていきます。

【彼女の役割：「淑女」】
質問者を表す「淑女」のカードを探してください。

6. ここからは主役を彼女に移します。彼女が今後どう支えていけば良いのかを探っていきましょう。

　「淑女」のカードは、「紳士」とは近い距離にあります。「紳士」「淑女」に隣接している「ユリ」「熊」「クローバー」のカードは彼と質問者の関係性を示しています。

　「淑女」の隣には「ユリ」。お互いを信じ合う仲だとわかります。彼にとって彼女はいつも自分を見守ってくれる大切な存在（クローバー）。そばにいるだけで心の支えになっています。

　彼のリーディング結果から推測すると、主任として初めから大活躍できるというわけではないようです。彼が苦悩することもあるでしょう。彼女は、そんな彼の弱気になる姿や、スランプで焦るようすに戸惑うことがあるかもしれません。

　けれども、それらは一時的なもの。大きな心で、彼のすべてを受け入れ、優しい言葉をかけてあげるようにしましょう（熊）。

　＊ここでの「クローバー」はお守りや大切なものとリーディングします。

7. 幸せへのヒントを 4 つのピン・カードから探っていきます。

【幸せに導くヒント：4 つのピン・カード 「犬」「船」「鎌」「鳥」】

　決まった辞令は断ることはできません。覚悟を決めて前進あるのみです（鎌・船）。彼の昇進を仲間たちも喜んでいます（犬）。仕事仲間ともっとコミュニケーションを密にし（鳥）、仕事の情報を共有する（鳥）ことが大切です。そうすれば、負担も分散され、効率的に仕事がこなせるようになるでしょう。

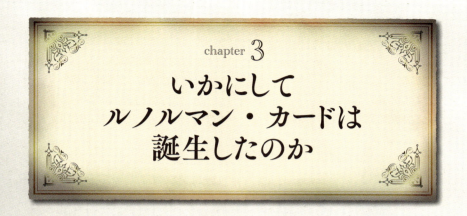

chapter 3
いかにして ルノルマン・カードは 誕生したのか

　本章では、「ルノルマン・カード」の起源へと遡りながら、現代の占い方法の基となった過去の占い方やカードの意味を振り返ってみたい。

❖ マドモアゼル・ルノルマンと最初の「ルノルマン・カード」 ❖

　「ルノルマン・カード」は今日にいたるまでさまざまなヴァージョンが作られているが、その最初の出版は1845年にパリで「素晴らしい社交ゲーム。マドモアゼル・ルノルマンの秘密の実践（Grand jeu de société. Pratiques secrètes de Mlle Lenormand）」と題された5巻本と共に売り出された54枚のカードに遡る。ただし、これは本書で用いている36枚からなる「ルノルマン・カード」とはまったく異なる[1]。このタイプの「ルノルマン・カード」は、現在もフランスのグリモー社から『マドモアゼル・ルノルマンの素晴らしい遊び（Grand jeu de Mlle Lenormand）』と題して出版されているので容易に入手することができる。

　では、本書の主題である36枚からなる「ルノルマン・カード」は、いつ頃どこで作られたのか？　ドイツのバイエルン州のパッサウで発行されていた1846年2月13日の『クリア・アン・デア・ドナウ（Kourier an der Donau）』紙では、コブレンツのJ・R・アウグスト・ライフ（J.R.August Reiff）という出版者が『パリの占い師マドモアゼル・ルノルマンのカード（Karten der Wahrsagerin, Mlle. Lenormand aus

---

1: 著者名は「……伯爵夫人（Mme la comtesse de ***）」と記され明らかにされていない。このタイプのルノルマン・カードについて詳しくは、Decker, Depaulis and Dummett. (1996), p.140, p.281.

Paris)』と題した36枚の「ルノルマン・カード」を出版していたことが確認できる。これが今のところわかっているかぎり、36枚の「ルノルマン・カード」への最も古い言及ではあるが、同紙にはカードの出版された日付が記されていないため、正確な出版日はわからない。とはいえ、今日の「ルノルマン・カード」の研究家たちの多くは、この年、すなわち1846年（早くても前年の1845年末）のドイツで、「ルノルマン」と名のついた最初の36枚のヴァージョンのカードが出版されたと考えている[2]。

　さらに言えば、前述のパリで出版された54枚の「ルノルマン・カード」も、同年、同出版者から『有名なマドモアゼル・ルノルマンの占いカード（Wahrsage-Karten der beruhmte Mlle Le Normand）』と題され販売されている。つまり同出版者は、1846年に36枚と54枚の両方のタイプの「ルノルマン・カード」を売り出していたということになる[3]。

　ところで、カードの商品名として使われている「ルノルマン」という語は、19世紀前半にフランスのパリで活躍していた実在の占い師マドモアゼル・ルノルマンに由来する。図1は、1814年に出版されたマドモアゼル・ルノルマンの著書『女預言者の予言の回顧』の扉頁のイラストである[4]。ここには若き日のマドモアゼル・ルノルマンの前のテーブル上に、占いに用いるためのカードが置かれている様が描かれている。

　ただし注意すべきは、描かれているカードの絵が、「ルノルマン・カード」であることを示していないということだ。実際、彼女自身の著作や伝記のいずれにも「ルノルマン・カード」への言及はなく、残されている他の記録の中でも、彼女自身が「ルノルマン・カード」を使用していたことを示す証拠は見つかっていない。しかも、

2:*The Tarot History Forum* での投稿を見よ。"German Lenormand 1846/ Spiel der Hoffnung 1799." http://forum.tarothistory.com/viewtopic.php?t=844&start=30, http://forum.tarothistory.com/viewtopic.php?f=11&t=844/ ただし、最初の36枚の「ルノルマン・カード」については、いまだ異論がないわけではない。100種類以上の「ルノルマン・カード」をオンライン上に掲載している最大級のルノルマン・カードのサイト「ルノルマン・ミュージアム」には、現在のところ最も古いパックとして、1845年頃にフランスで出版された可能性のあるカードがある。このカードは出版社も明らかではなく、フランスのどこで作られたかもわかっていないので、今後の調査の進展が待たれるところである。このカードについては、"Lenormand Fortune Telling Cards Unknown 8." http://www.lenormand-museum.com/lenormand-fortune-telling-cards-unknown-8.html, を見よ。

3:Decker, Depaulis and Dummett (1996), p.141. The Tarot History Forum での投稿も見よ。"German Lenormand 1846/ Spiel der Hoffnung 1799." http://forum.tarothistory.com/viewtopic.php?f=11&t=844/

4:Lenormand (1814).

5: Decker, Depaulis and Dummett (1996), pp.140-141.

142

そもそも1843年にすでにマドモアゼル・ルノルマンは亡くなってしまっているため、最初の36枚の「ルノルマン・カード」の出版が1846年だとすると、彼女の死後にカードは登場したことになる。こうしたことから「ルノルマン・カード」は、マドモアゼル・ルノルマンの名声にあやかって、彼女の名前が採用されただけであり、実在の人物との関連はないという結論で、カードの歴史家たちは概ね一致している[5]。

だが、19世紀後半に出版された多くの「ルノルマン・カード」につけられていた小冊子には、このカードが「彼女の死後に彼女の傍で発見された」とあり、しかも「皇帝ナポレオン一世に彼の偉大さを予言し、同時に貴族たちの失墜を予言したのと同じカード」であると書かれていた[6]。そのため、「ルノルマン・カード」を手にした人々の間では、それが数々のセレブリティたちの運命を予言した有名占い師マドモアゼル・ルノルマンによって実際に使用されていたのと同種のカードとして受け入れられるようになっていったようだ。

この種の宣伝文句は、その後の20世紀に入ってからも続いていく。たとえば、1926年にイギリスのロンドンの煙草会社カレラス（Carreras）が、「ブラック・キャット」という煙草の販売促進を目的に制作した「ルノルマン・カード」のための小冊子には次のように書かれている[7]。

図1：マドモアゼル・ルノルマン著、『女預言者の予言の回顧』より。

6: *Aeclectic Tarot* のフォーラムには、この種の小冊子4つが掲載されている。"Petit Lenormand History." http://tarotforum.net/showthread.php?t=175987&page=3

7: この小冊子は次のサイトで見ることができる。Houten and Muller. "Booklet for Fortune Telling Cards Carreras." http://www.dxpo-playingcards.com/xpo/variations/pages/dondorf-ft-06a.htm
カレラス社の「ルノルマン・カード」は、ドイツのフランクフルトのドンドルフ社（Dondorf）から1880年に出版された「ルノルマン・カード」を基にしている。実際の印刷も、ドンドルフ社によってクロモ石板で行われ、非常に美しい出来栄えのカードとなっている。ドンドルフ社の「ルノルマン・カード」については次のものを見よ。Wintle. "Dondorf." http://www.wopc.co.uk/germany/dondorf/;Houten and Muller. "The Dondorf Fortune Telling Cards & Variations."http://www.dxpo-playingcards.com/xpo/variations/pages/dondorf-ft-00.htm
カレラス社の「ルノルマン・カード」については次のサイトを見よ。Wintle. "Carreras Fortune Telling Cards." http://www.wopc.co.uk/tarot/carreras-fortune-telling-cards; Houten and Muller. "The Dondof Fortune Telling Cards & Variations." http://www.dxpo-playingcards.com/xpo/variations/pages/dondorf-ft-00b.htm, http://www.dxpo-playingcards.com/xpo/variations/pages/dondorf-ft-00c.htm, http://www.dxpo-playingcards.com/xpo/variations/pages/dondorf-ft-00d.htm

マドモアゼル・シルヴィア・ダルヴィラは疑いなく最も世に知られた占い師である。彼女のたぐいまれな才能を知っているか、耳にしたことのあるすべての人々の心は、彼女に深く感銘を受けている。「ブラック・キャット」の煙草のすべての包みに封入されているこの占いカードは、彼女の祖母がナポレオンに栄光と勝利を予言し、また彼と彼の諸国の多くの人々の転落と破滅を予言した際のカードである。彼女の才能や技能の正確さを認めている淑女や紳士たちの数は数千人にも及ぶだろう。次の頁には、他の人の助けを借りることなく、自分自身や友人たちの未来、そしてどんな幸運が待っているかを読むために、「ブラック・キャット」・シガレット・フォーチュン・テリング・カードを使ったマドモアゼル・シルヴィア・ダルヴィラの技法について誰にでもわかる説明がある[8]。

　アーサー・ルイスは2014年の著書『ルノルマン・シンボルズ』の中で、この煙草会社の文章を「明らかに虚偽」であるとし、「それにもかかわらず、予言者である祖母が子孫に神秘的な流儀を手渡したと主張する伝統は、今日のルノルマンを教える多くの者の間に根づいてしまっているようだ」と述べている[9]。
　だが、ここ最近はルノルマン・カードの著名なリーダーの間でも、マドモアゼル・ルノルマンが「ルノルマン・カード」を使用していたということは、もはや事実としてほとんど認められなくなってきているようだ。たとえば2007年に出版され、昨今の「ルノルマン・カード」の流行の先駆けとなった『宿命のゲーム——ルノルマン・カードを使った占い』の著書マリオ・ドス・ベントスは次のように述べている。「マリー＝アン・ルノルマンは明らかにこれらのカードを使っていなかった。わたしたちが彼女の著書からわかることは、彼女がタロットやプレイング・カード、手相、占星術、茶葉、特別に準備された鏡を使っていたということだ」[10]。また、2014年に出版され非常に高い評価を得ている『ザ・コンプリート・ルノルマン・オラクル・ハンドブック』の著者ケイトリン・マシューズも次のようにはっきり述べている。「カードは彼女にちなんで名づけられたが、彼女はそれを決して使っていなかった」[11]。さらにタロットの歴史家としても著名なロバート・M・プレイスも、「彼女の名前がつけられたのは、単に出版社が彼女の名声を利用するためだった」と言い切っている[12]。

『希望のゲーム』

ここで以下のカード（図2）を見ていただきたい。これは「ルノルマン・カード」ではない。だが、各カードに割り当てられている数、及び描かれているモチーフは「ルノルマン・カード」と完全に共通している[13]。

これはドイツのニュルンベルクで真鍮（しんちゅう）工場のオーナーだったヨハン・カスパル・ヘヒテル（Johann Kaspar Hechtel, 1771-1799）によって考案され、1799年頃に同地の出版者グスタフ・フィリップ・ヤーコプ・ビーリング（Gustav Philipp Jakob Bieling）から『希望のゲーム（Das Spiel der Hoffnung）』と題し出版されたゲーム用のカードである[14]。プレイング・カードの歴史家たちの間では、1972年のデトレフ・ホフマンとエリカ・クロッペンシュテットの共著『占いカード：オカルティズムの歴史への貢献』の中で紹介されて以来、すでに「ルノルマン・カード」の

図2：『希望のゲーム』のカード。

8: この小冊子は次のサイトで見ることができる。Houten and Muller. "Booklet for Fortune Telling Cards Carreras." http://www.dxpo-playingcards.com/xpo/variations/pages/dondorf-ft-06a.htm3
9: Louis (2014) "The Grandmother Phenomenon."
10: Ventos (2007), p.13.
11: Matthews (2014), p.6.
12: Place (2014) "A New Revelation About the Origin of the Lenormand: A History of Oracle Cards in Relation to The Burning Serpent Oracle and a New Revelation About the Origin of the Lenormand." https://burningserpent.wordpress.com/2014/08/19/a-history-of-oracle-cards-in-relation-to-the-burning-serpent-oracle-and-a-new-revelation-about-the-origin-of-the-lenormand-by-robert-m-place/
13: このカードは大英博物館のサイト上で見ることができる。The British Museum "Das Spiel der Hofnung." http://www.britishmuseum.org/research/collection_online/collection_object_details.aspx?objectId=3145089&partId=1
14: Aecletic Tarotのフォーラムでの投稿によると1799年にニュルンベルクで出版された次の雑誌の中に『希望のゲーム』の広告が含まれている。Humoristische Blätter für Kopf und Herz., p.104. また、そこに次のように告知されている。「希望のゲーム、楽しい応接室の遊び、36枚の絵のカード付」。Aecletic Tarot. "Antique Lenormand." http://tarotforum.net/showthread.php?p=3054424#post3054424 を見よ。

ヨハン・カスパー・ヘヒテルの略歴は次のものに掲載されている。Will (1805). また次のサイトも見よ。Riding (2012) "Meet Johann Kaspar Hechtel." http://lenormanddictionary.blogspot.jp/p/meet-johann-kaspar-hechtel.html

プロトタイプとして広く知られているカードである[15]。

図3：ヨハン・カスパル・ヘヒテルの肖像画

図4：『希望のゲーム』のルールが書かれた小冊子

　この『希望のゲーム』のカードは占いを第一の目的としたものではなく、応接室で楽しまれるゲームを目的として作られている。図4の『希望のゲーム』の付属の小冊子には、以下のようにゲームのルールが記されている。

　　このゲームは何人でも参加できる。参加者は全員が1人6マルクから8マルク［マルクはドイツの昔の通貨］を容器の中に入れておく。36枚の絵のカードを、6枚で一列とし6列からなる四角形に並べる。その際、カード上部についている数字に従って、つまり1、2、3……36まで順に並べていく。
　　プレーヤーは2個のダイスをひとつずつ振る。そして出たダイスの目の数だけ、1番のカードからコマを進めていく。例えば4と1の目を出したプレーヤーは5番目のカードにコマを進める。ゲームが終わるまで同じことを続ける。
　　ゲームに参加する順番はダイスによって決められる。たとえば、最も大きなダイスの目の数を出した人を最初のプレーヤーとし、最も小さなダイスの目を出した人を最後のプレーヤーにすると決めてもいい。もし複数の人が同じダイスの目の数を出した場合、引き分けとなり、もう一度、各自

15: Hoffmann and Kroppenstedt (1972), p.17, 21. ヘヒテルの肖像画は *Wikimedia Commons* から。https://commons.wikimedia.org/wiki/File:Johann_Kaspar_Hechtel.jpg

がダイスを振る。

　プレーヤーはコマを進め、止まった場所に応じて、36枚のカードの絵の
どれかひとつと出会う。プレーヤーにとって、カードの絵は好ましいもの
あれば、好ましくないものもあれば、どちらでもないものもある。もし「ど
ちらでもない」カードであれば、コマは前進することも後退させられるこ
ともなく、次の順番が来るまで、その場所に置いておく。

　　［中略］

　もしプレーヤーが出したダイスの目の数によって、36番のカードを越
えて進んでしまう場合、そのプレーヤーは越えた数だけ、コマを後退さ
せなければならない。たとえば、コマが32番にあるときに8の数を出し
たら、そのプレーヤーは4つ戻らなければならない。つまり36より多い
4つ後退し28番に戻る。

　また、現金箱を受け取ることができるのは前進して到達する場合だけ
で、36を越えて戻った場合には、受け取ることができなくなる。たとえば、
仮にコマが29番にあり、6の数が出たら、プレーヤーは「希望の錨」に順
当に前進して到着し、ゲーム全体に勝利したことになる[16]。

　このゲームが『希望のゲーム』と題されているのは、ゲームの上がりの場所
である35番のカードの「錨」が「希望の錨」とされているためである。また、い
くつかのカードにはゲーム上でコマが止まった際の特定の指示が記されている。
たとえば、7番の「ヘビ」のカードでは、〈危険な「ヘビ」に噛まれないように3マ
ルクを払わなければならない〉。また、14番の「キツネ」のカードでは、〈悪賢
い「キツネ」はプレーヤーを道に迷わせるので、そこから逃げなければならない。
5番の「木」まで戻る〉と指示されている。こうしたカードに付与された指示か
らは、オカルト的ないしは秘教的な意味を仄(ほの)めかすものはまったくなく、いず
れも単純にゲーム上の目的を示したものでしかない。

　また、小冊子のルールからは、『希望のゲーム』が当時「鵞鳥(がちょう)のゲーム」として
ヨーロッパ各地で作られていたボードゲーム（日本で言うところの「すごろく」）

16:『希望のゲーム』の小冊子の全文は、次の書籍の中で英訳としても読むことができる。Katz and Goodwin（2013）, pp. 250-
　253. また日本語訳は同書の日本語版で読むことができる。

と同種のものであることもわかる。ちなみに「鵞鳥(がちょう)のゲーム」の起源は完全に明らかではないが、ゲームの歴史家デーヴィッド・パーレットによると、16世紀終わりから17世紀初めにかけてイタリア、ドイツ、フランス、イギリスなどへと急速に広まっていった。知られている限りの最も古い言及としては、イタリアの歴史家ピエトロ・カレーラ（Pietro Carrera）の著書『チェスのゲーム』（1617）の中で、トスカーナ大公フランチェスコ1世がスペインの王フェリペ2世へと「鵞鳥のゲーム」を贈ったことが記されている。図5は、イタリアで制作された最も初期の頃の「鵞鳥のゲーム」である[17]。

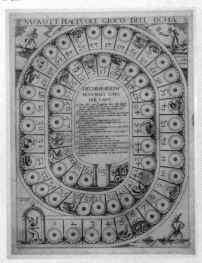

図5：ルキーノ・ヴィクトリオ作、「新しくて面白い鵞鳥のゲーム」、1598年、ローマ[18]。

ここで『希望のゲーム』のカードの上部に注目してほしい。それぞれのカードの上部左側には、「フレンチ・スート」と呼ばれる「ハート」、「ダイヤ」、「クラブ」、「スペード」のマークが描かれている。一方、上部右側には、「ジャーマン・スート」と呼ばれる「ハート」、「ベル」、「ドングリ」、「葉」のマークが描かれている。これらのスートは、『希望のゲーム』をプレイすること自体には、まったく関係ない。では、なぜスートが描かれているのか？その理由は小冊子の中の次の一文に明らかである。

> これらの絵のついた36枚のカードを、ドイツやフランスの普通のプレイング・カードを使ってできるカードゲームにも使用できるように、カードの上部にはドイツやフランスのカードの絵柄が入れてある。

17: 鵞鳥のゲームの歴史については、Parlett (1999), pp. 88-102; Seville. (2016) を見よ。
18: *The British Library.* "Il Nuovo et Piacevole Gioco dell Ocha." https://www.bl.uk/collection-items/il-nuovo-et-piacevole-gioco-dell-ocha より。

後の「ルノルマン・カード」にまったく同様のプレイング・カードのスートが描かれていること自体が、この『希望のゲーム』のカードが基になって作られたことを示唆していると言えるだろう（ただし「ルノルマン・カード」のほうでは「ジャーマン・スート」は省かれ、「フレンチ・スート」だけになっている）。

　ところで、この小冊子の最後の箇所では、非常に興味深いことにも、これらのカードを使って占いを楽しむことができることも示唆されている。

> さらにこのカードを使って、占いの楽しいゲームを行うこともできる。36枚のカードすべてをシャッフルする。続いて占われる人にカードをカットしてもらう。そして8枚ずつ4列で並べていき、残りの4枚を5列目として並べる。もし質問者が女性なら29番のカードを基点とし、そこを取り囲んでいるカードから面白おかしく物語を紡ぎ出していく。もし男性なら28番のカードを基点とし、その周囲のカードで物語を作っていく。これは集まった人たちへの愉快な娯楽となるだろう。

　ここで注目すべきは、「8枚ずつ4列で並べていき、残りの4枚を5列目として並べる」と述べられている点だ。これは今日「グラン・タブロー」と呼ばれ親しまれている「ルノルマン・カード」の占い方である。また、質問者が女性の場合は29番、男性の場合は28番のカードを「基点」とし、「その周囲のカードで物語を作っていく」というのも、その後の「ルノルマン・カード」の占いの伝統的な技法のひとつとして知られているものだ。この小冊子の中では、占い方に関して以上のことしか書かれていない。だが、これが後に発展させられていく「ルノルマン・カード」の占い方の原型であることは明らかである。

　こうしたことから、仮にこの『希望のゲーム』を「ルノルマン・カード」の直接的な起源とみなすならば、「ルノルマン・カード」は次のような形で誕生したと推測できる。作者ヘヒテルの死後の19世紀の半ば、『希望のゲーム』のカードを基にした占い用カードが制作され売り出された。その際、占い用カードにふさわしい商品名にすべく名称を変更する際、すでに亡くなっていた有名占い

師マドモアゼル・ルノルマンの名前を採用した。

　この点に関して『ルノルマン36枚のカード』の著者アンディ・ボロヴェシェングラは、公平な視点から「なぜこの再考案が起こったか、わかっていない」と断りながらも、この見解を支持する証拠として「ルノルマン・カード」以外にも「他の有名な占い師の名前」にちなんで売り出された事例があると述べている[19]。いずれにせよナポレオン皇后ジョセフィーヌを始め数々のセレブリティたちを顧客としていたことで、その名を知られたマドモアゼル・ルノルマンの占い師としての名声を考えるならば、カードの出版や販売する側にとっては、そうするに十分なほど魅了的であったことは疑いない[20]。

✦ コーヒー占いのカード ✦

　『希望のゲーム』のルールが「鵞鳥のゲーム」のようなボード・ゲームを基にしていることは前述の通りだが、その一方でもうひとつ気になる点が残っている。それは『希望のゲーム』のカードで絵に使われている36のモチーフが、いったい何に由来しているのかということだ。次に、このことを知る手がかりを探ってみたい。

　タロットの研究者として著名なメアリー・K・グリアーは、大英博物館のアーカイヴの中に『ドイツの娯楽、あるいはウィーンの宮廷での気晴らし、32枚の象徴的カードの意味によって明かされる占いの神秘、適切な説明書付』と題する本（以下『ドイツの娯楽』と呼ぶ）とともに32枚のカードが所蔵されていることを発見し、2013年7月12日に自身のブログで「新たなルノルマン・デッキの発見」と題した記事を書いた（図6、図7）[21]。同書とカードは1796年にロンドンで出版されたものだが、本のタイトルが示唆しているように、そのオリジナルはイギリスではないようだ。本の冒頭では次のように述べられている。「これらの面白いゲームは最初に1794年にウィーンでその姿を表した。そこでは

19: Boroveshengra. (2015/2014), .p.17.

20: マドモアゼル・ルノルマンの人物像と当時の名声については次のものを見よ。Decker, Depaulis and Dummett. (1996), pp. 116-132.

21: Greer (2013). "A New Lenormand Deck." https://marykgreer.com/2013/07/12/a-new-lenormand-deck-discovery/

22: Anon. (1876), p.4. 同書とカードは大英博物館のウェブサイトで見ることができる。 *The British Museum.* "Print/ Playing-Card." http://www.britishmuseum.org/research/collection_online/collection_object_details.aspx?objectId=3283055&partId=1&searchText=fortune+telling&images=true&page=1%22

いまだにドイツの皇后や宮廷における人気のある娯楽となっている」[22]。

図6：『ドイツの娯楽』

図7：付属の32枚のカード

非常に興味深いのは、この32枚のカードのセットが『ドイツの娯楽』の中で「コーヒー・パック（coffee pack）」と呼ばれていることだ（「パック（pack）」というのは、カードの一組のこと）。というのも同書によれば、カードに描かれているモチーフは「カップの中の粕によって表わされる形から借りている」からだと述べられている[23]。つまり、この32枚のカードの絵はすべて「コーヒー占い」の際のカップの中に現れてくる象徴的な形に由来しているのである。

　では「コーヒー占い」とは何なのか？　同書では、「コーヒー粕を抽出する方法」と題して、コーヒー占いの方法が次のように解説されている。

> 　白いカップにコーヒー粕を入れ、それらの粒子がカップ全面を覆うように十分に揺らす。次に完全に余分な部分が取り去られ、占いに必要な形が作られるように、受け皿へとひっくり返す。占いを行う人は、運命が語られることを望んでいる人へ自分の思考をひたすら傾けておく必要がある。また、その予言を適切なものにするために、彼らの身分や職業を考慮する必要もある。カップを持ち上げるとき、そこに表れる形がパックで見られるのと同様の正確な形となっていることを期待すべきではない。それらが32の象徴のいずれかと何らかの類似性があればまったく問題ない。カップを見る人の想像力が豊かになればなるほど、その中に多くのものが見出されるだろう。さらに言えば、この娯楽を楽しむ人は誰もが、現在、過去、未来という時間の中で変化を作り出すために、自分がどんな環境下にいるかを判断できる人にならなければならない。同じ方法で、性に関して多かれ少なかれ明確に決定的に語るときは、想像力がそれらを導くべきである[24]。

23: Anon. (1876), p.11.
24: Anon. (1876), pp. 9-10.

さらに同書では、このコーヒー占いの方法の後で、「コーヒー・パック」を使ったカード占いの方法が解説されている。以下は同書の中での「カードを配置するための方法」の手順である。

> このカードのパックは、その形がカップの中の粕によって表わされた形から借りられているため、コーヒー・パックと呼ばれている。同席の誰かがシャッフルする。その人は性別によって、「カニング・マン」ないしは「カニング・ウーマン」と呼ばれる。カットは運命を語られることを求めている人によって行われる。次に8枚のカードごと4列に配置する。もし運命が語られるのを求めている人が男性の場合、彼は歩いている男性の人物によって表わされる。もし女性の場合、女性の姿が彼女を表すことになる。それゆえ、もし彼が男性であるならば、歩いている紳士の列にあるすべてのカードと、すぐ上ないしは下にあるすべてのカードは、運命を語られることを望んでいる人に関連する。また、もし相談しているのが女性の場合も、女性の人物がいる列にあるカード、そのすぐ上と下にあるカードに目を向けるという同じルールとなる[25]。

　ここにも今日の「グラン・タブロー」の基本の形、すなわち8枚×4列でカードを配置する指示が見られる。また、注目すべきは、質問者が男性の場合、「歩いている紳士」（「コーヒー・パック」では19番のカードが「歩行者（The Pedestrian)」となっている）が質問者を表すカードとされ、質問者が女性の場合、「女性の姿」（「コーヒー・パック」では18番のカードが「女性（The Woman)」となっている）が質問者を表すカードとされている。すなわち、ここでも今日の「ルノルマン・カード」の占いで「シグニフィケーター」と呼ばれている解釈の基点が指示されていることがわかる。
　この後、同書では、男性用と女性用のふたつの実践例が書かれているが、ここでは男性用の実践例を見てみるとしよう。

25: Anon. (1876), p.11.

【予測】

（17）あなたには子供がいるか、あるいは（もし未婚者か男やもめであれば）子供を持つことになるだろう。だが、あなたの結婚状態（11）にはトラブルがないわけではない。だが、そのことがあなたを破滅させるわけではない。なぜなら、あなたが巻き込まれることになる喧嘩や不和は、あなたが示す穏健な態度にすべてはかかっているからだ（22）。短気な人は、安定し落ち着いた人以上に、病気になることを心配すべきだ。それゆえ、あなたには平静でいるよう助言しておきたい。とりわけ、あなたが人と一緒にいられるためには（25）、その美徳が大いに役に立つだろう。その下にある雲（12）は、同じ有益な教訓を教えている。なぜなら、あなたの気質が温和になればなるほど、あなたに怒りを搔き立てる人々と出会い攻撃されることも少なくなるだろう。この点を可能なかぎりまっとうするよう努めること。そうすればあなたが腹を立てる機会もすぐにまったくなくなるだろう。どれほどあなたが幸せになれることか！　さらに言うと、（2）もあなたの結婚の状態（もしくはあなたの未来の結婚の後）への警告である。あなた自身の想像による妄想によって恐れるべきではないし、嫉妬に駆られることで家庭や家族の幸せを壊してはならない。それは男性と女性の間の完全な信頼によって

32	7	2	17	⑲	11	6	8
1	18	21	3	22	16	27	24
4	10	13	14	25	30	31	15
29	5	20	23	12	26	9	28

のみ存続できる。だが、あなたは自分の懸念すべてを妻へ明かす必要はない。そうした余計なことを伝えることで、あなたの妻を不安にさせることもある。互いに助け合うことを忘れてはならない。それどころか分別を持つべきだ。それがあなた自身を救うための方法となるだろう。（7）あなたに負担を負わせるとになる大きな遺贈をすべきではない。あなたの穏やかないつもの生き方を放棄するよう唆されても従ってはならない。イライラし怒ってはならない。あなたの予期せぬ幸運があり、それを妬む人がいる場合、彼らはあなたの持っているものすべてを手に入れようとするだろう。（22）あなたが他者に借りが少なければ少ないほど、あなたの幸運の成果は心地よく満喫できるだろう。そして（8）、この列の終わりにある星は、わたしの予測を確証してくれている [26]。

26: Anon. (1876), pp. 12-14.

ここでひとまず、この実践例でのカードを読んでいく順番を整理してみよう。まずは男性の質問者を表す19番のカードを中心にし、その両隣に出ている17番と11番のカード。その後、すぐ下の22番のカード、さらにその下の25番のカード、12番のカードと続く。次に質問者を表す19番のカードの左側の2番のカード、7番のカードへと進んでいくが、同列の左端の32番のカードは読まれていない。次に再びすぐ下の22番に戻るが、最終的に質問者を表す19番のカードの右端の8番のカードへと向かう。同列のその間にある11番と6番のカードは読まれていない。

　つまり同書での解釈の方法は、質問者を表すカードの上下及び左右のカードを読んでいくというルールはあるが（この男性の実践例では質問者を表すカードが配置の一番上にあり、その上にカードはないため、そこは読まれていない）、それ以外は読み手の自由に任せられているようだ。念のため、もうひとつの女性の実践例のほうで、どのような順番でカードが読まれているかを以下に示しておく。

　女性の質問者を表す18番のカードを中心に、今度は両側ではなく上下の14番と30番のカードが読まれ、さらに14番の上の21番のカードへと進む。次に質問者を表す18番のカードの左側の19番、右側の11番と続く。だが、この後になぜか例外的に一段上の列の32番のカードが読まれ

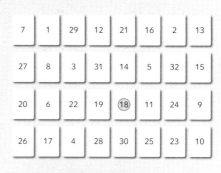

ている（これは同書の書き手が22番のカードを32番と誤って書いてしまった可能性もある）。次に質問者を表す18番のカードの左側の6番のカードへと進む。次に右側の24番、次に左側の端の20番、そして右側の端の9番のカードでリーディングは終了している[27]。

　やはりこちらの例でも、質問者を表すカードの上下及び左右のカードを

27: 女性の解釈例は、Anon. (1876), pp.14-17.

読んでいくというルールがあるだけで、今日の「ルノルマン・カード」で一般的になっている他のルール（男性と女性のカードの顔の向き、近いか遠いか等々）は見られない。だが、それでも同書に記されている方法が、後の「グラン・タブロー」の基本形であることは間違いない。

　ここでカード自体のほうにも目を向けてみよう。まずは『希望のゲーム』のカードとの類似性を確認するために両者を比較してみることとしよう。

「コーヒー・パック」		「希望のゲーム」	
1	道	1	騎手
2	指輪	2	クローバーの葉
3	クローバーの葉	3	船
4	錨	4	家
5	ヘビ	5	木
6	手紙	6	雲
7	棺	7	ヘビ
8	星	8	棺
9	犬	9	花束
10	ユリ	10	草刈り鎌
11	十字	11	竿
12	雲	12	鳥
13	太陽	13	子供
14	月	14	キツネ
15	山	15	熊
16	木	16	星
17	子供	17	コウノトリ
18	女性	18	犬

「コーヒー・パック」		「希望のゲーム」	
19	歩行者	19	塔
20	騎手	20	庭園
21	ネズミ	21	山
22	竿	22	道
23	薔薇、カーネーション、なんらかの他の花	23	ネズミ
24	ハート	24	ハート
25	庭あるいは森	25	指輪
26	鳥	26	本
27	魚	27	手紙
28	ライオン、なんらかの他の獰猛な野獣	28	紳士
29	緑の茂み	29	淑女
30	虫	30	ユリ
31	家	31	太陽
32	草刈り鎌	32	月
		33	鍵
		34	魚
		35	錨
		36	十字

こうして比較してみると、カードの順番は24番の「ハート」だけが一致している点を除き他はすべて異なっている。だが、使われているモチーフの点で言えば、両者の間にはかなり多くの共通性がある。実際に「コーヒー・パック」の「薔薇、カーネーション、他のなんらかの花」、「ライオン、他のなんらかの獰猛な野獣」、「歩行者」が、『希望のゲーム』の「花束」、「熊」、「男性」と同等ととみなすことができるとすれば、後者に含まれていない前者独自のモチーフは、「緑の茂み」と「虫」の2枚のカードのみだということになる。また、「コーヒー・パック」のほうは32枚、『希望のゲーム』は36枚と、後者のほうがカードの枚数は4枚多い。そのため後者のほうでは、「緑の茂み」と「虫」の代わりとなる2枚を含めて、前者にはない計6枚のカード、すなわち「船」、「キツネ」、「コウノトリ」、「塔」、「本」、「鍵」がある。こうした両者の違いを示すため、前頁のカードの名称の一覧では、相互に一致しないカードは白いボックスに入れた。

　ここでさらに気になるのは、「コーヒー・パック」の象徴の意味と「ルノルマン・カード」の伝統的とみなされている意味の間に共通点があるかどうかという点だ。「コーヒー・パック」に描かれている象徴の意味については、『ドイツの娯楽』の中に記されている。さらにカード自体の下部にも、それとは別の教訓めいた文章が書かれている。それらと「ルノルマン・カード」の伝統的な意味を比較するため、以下にいくつかのカードを例として挙げてみる。また、『希望のゲーム』の小冊子にゲーム上の指示がある場合は、それも合わせて掲載しておく。なお、ここでの「ルノルマン・カード」の伝統的な意味は、今日「フィリップ・ルノルマン・シート」とも呼ばれている19世紀後半の「ルノルマン・カード」に付属していた小冊子のものを載せておく[28]。

28:「フィリップ・ルノルマン・シート」と呼ばれているのは、しばしば小冊子の下に著者名が「フィリップ、ルノルマンの後継者」と記されていることによる。*Aeclectic Tarot Forum.* "Petit Lenormand History." http://tarotforum.net/showthread.php?t=175987&page=3
　　「コーヒー・パック」の各カードの意味は、Anon. (1876), pp.18-31.

2 クローバー

▼ 「フィリップ・ルノルマン・シート」の
　　カードの意味

2——「クローバーの葉（A CLOVER LEAF）」
は良い知らせの前触れである。だが、もし
雲に取り巻かれているなら、大きな苦痛を
示す。しかし、もし2番が29番と28番の
近くにあるなら、その苦痛は短い期間でしか
なく、すぐに幸せな結果となるだろう。

▼ 『ドイツの娯楽』に記されている
　　「コーヒー・パック」の意味

3「クローバーの葉（THE LEAF OF CLOVER）」
：普段の生活の場合と同様、ここでも幸運
のサインである。カップの中でのポジショ
ンが異なるだけで、違う意味にもなる。な
ぜなら、もしそれが上部にある場合、それ
は幸運が遠く離れていないことを示してい
る。だが、それが真中ないしは底辺にある
場合、遅れる傾向がある。雲がそれを取り
巻いているなら、多くの不愉快なことが幸
運にともなってくるだろう。曇っていなけ
れば、関係者が望み通りの晴れやかさで、
静かで平穏な幸せの前兆となる。

▼ 「コーヒー・パック」の下部に
　　記されている文章

もしあなたが常に自分の義務に対して偽りな
く誠実さを持っていれば、実際に素晴らしい
幸運に恵まれる可能性がある。

▼ 『希望のゲーム』におけるゲーム上の指示
なし。

4 家

▼ 「フィリップ・ルノルマン・シート」の
　　カードの意味

4——「家（THE HOUSE）」はあらゆる事業
における成功と富の確かな印である。そして
その人の現在の立場が好ましくなかったとし
ても、未来は明るく幸せとなるだろう。もしこの
カードがカード全体の中心にあり、その人の
下にある場合、これは彼を取り巻いている人
に用心すべきであることを示唆している。

▼ 『ドイツの娯楽』に記されている
　　「コーヒー・パック」の意味

31「家（THE HOUSE）」：カップの上部に
ある場合、あなたのあらゆる事業での祝福と
成功を示す。仮にあなたの状況が非常に好
ましくなくても、より良い状況へすぐに変化し
ていくことを期待していい。中央ないしは下
にある場合、あなたの使用人に注意するよう
警告している。あなたが用心しておけば、危
害から自らを守ることができるだろう。

▼ 「コーヒー・パック」の下部に
　　記されている文章

あなたとあなたの家族が迎える訪問者か
ら、大きな利益がやってくるだろう。ただし、
思慮分別をもって自分の行為を導くべし。

▼ 『希望のゲーム』におけるゲーム上の指示

4：「家」の玄関では、門番に2マルクを渡さ
なければならない。

7 ヘビ

▼ 「フィリップ・ルノルマン・シート」の
　　カードの意味

7——「ヘビ（A SERPENT）」は不運のサイ
ンである。その程度は、その人からの距離
が大きいか小さいかによる。常に詐欺、不
義、悲しみがやってくることになるだろう。

▼ 『ドイツの娯楽』に記されている
　　「コーヒー・パック」の意味

5「ヘビ（THE SERPENT）」：常に嘘と恨み
の象徴である。カップの上部あるいは真ん中
にある場合、それは相談者が敵を打ち負かす
という望みが叶うことになるだろう。だが、もし
ヘビが曖昧でぼやけている場合、彼は勝利
を容易に手に入れることはできないだろう。こ
の象徴の近くに文字が現れている場合、しば
しば敵が誰かを推測することも容易になる。
その文字が敵の名前のイニシャルとなる。

▼ 「コーヒー・パック」の下部に
　　記されている文章

隠れている敵があなたを傷つけようと企て
ている。彼があなたの友となるよう親切に接
するよう努めなさい。

▼ 『希望のゲーム』におけるゲーム上の指示

7：危険な「ヘビ」に噛まれないように、3マル
クを払わなければならない。

18 犬

▼「フィリップ・ルノルマン・シート」の
カードの意味
　18——もし「犬（THE DOG）」がその人の
近くにある場合、その人の友人たちを誠実で
偽りがないとみなすことができるサインであ
る。だが、もし遠くに離れていて、雲に取り巻
かれている場合、自ら友人であると名乗って
いる人たちを信頼すべきではないという警
告になっているはずだ。

▼『ドイツの娯楽』に記されている
「コーヒー・パック」の意味
　9「犬（THE DOG）」：いつでも忠誠か妬
みどちらかの象徴であり、ここではふたつの
意味がある。上部にはっきりと表れている場
合、それは信頼できる友人たちを意味する。
だが、もし犬の形が雲やダッシュ記号に取り
巻かれている場合、あなたが友人と思って
いる人たちを頼るべきではないことを示して
いる。だが、もし犬がカップの低部にあれば、
極端な妬みや嫉妬の悪影響が及んでくる恐
れがある。

▼「コーヒー・パック」の下部に
記されている文章
　あなたは自分の親類よりも見知らぬ人の間
で、より良い友人を容易に見つけることにな
るだろう。

▼『希望のゲーム』におけるゲーム上の指示
　なし。

23 ネズミ

▼「フィリップ・ルノルマン・シート」の
カードの意味
　23——「ネズミ（THE MOUSE）」は盗み、
損失のサインである。近くにある場合、失く
し物や盗まれた物を取り返せることを意味
する。もし離れている場合、損失は修復不
可能となるだろう。

▼『ドイツの娯楽』に記されている
「コーヒー・パック」の意味
　21「ネズミ（THE MOUSE）」：この動物はこっ
そりと動いて生きているため、ここでも窃盗
ないしは泥棒の象徴である。もしそれがはっ

きり表れているなら、不思議なことにも失っ
たものを再び取り戻すことができることを示
している。だが、もしそれが曖昧に現れてい
る場合、その望みは叶わない。

▼「コーヒー・パック」の下部に
記されている文章
　あなたの召使いに警戒の目を向けること。あ
なたの不注意が、誠実な人を盗人にしてしま
うかもしれない。

▼『希望のゲーム』におけるゲーム上の指示
　なし。

35 錨

▼「フィリップ・ルノルマン・シート」の
カードの意味
　35——「錨（THE ANCHOR）」は、海での
事業の成功、貿易での大きな利益、本物の
愛のサインである。だが、離れている場合、
期待していたことでの完全な失望、蝶のよう
に不安定な愛を意味する。

▼『ドイツの娯楽』に記されている
「コーヒー・パック」の意味
　4「錨（THE ANCHOR）」：希望と商業の
象徴であり、カップの低部にある場合、海や
陸上から運ばれてくる盛大な利益を暗示す
る。上部ではっきり見える場合、変わらぬ愛
と揺るぎのない忠実さを示す。曖昧で曇っ
て見える場合も愛を意味するが、愛は蝶の
ように一定しない傾向となる。

▼「コーヒー・パック」の下部に
記されている文章
　あなたと同様に誠実な人物は、取引きにお
いて、大きな利益を獲得することを決して求
めない。あなたの望みも、きっと叶えられる
ことだろう。

▼『希望のゲーム』におけるゲーム上の指示
　35：これはゲーム全体で最も重要なカード
である。この「希望」の絵のところまで進ん
だプレーヤーはゲームの勝者となり、全ての
現金箱ないしは預金を引き出せる。

以上のように並べてみると、「コーヒー・パック」の象徴の意味と「ルノルマン・カード」の伝統的な意味の間には、かなりの部分で一致や類似があることがわかる。

　であれば、「ルノルマン・カード」の伝統的な意味の起源は、この『ドイツの娯楽』に記されている「コーヒー・パック」の象徴の意味にあるということなのだろうか。相互の類似性からすると、確かにその可能性も考えられるだろう。だが、仮に「ルノルマン・カード」の意味が『ドイツの娯楽』から直接的に由来していなかったとしても、少なくともその当時に広まっていた「コーヒー占い」ないしは「茶葉占い」の象徴の意味に影響を受けて作られた可能性は十分に考えられる[29]。

図8:『女予言者、あるいはユニヴァーサル・フォーチュン・テラー』

　さらに言えば、『ドイツの娯楽』における象徴の意味は、「ルノルマン・カード」だけでなく、英語圏での「コーヒー占い」ないしは「茶葉占い」の伝統へと引き継がれていっている[30]。たとえば、1840年から1850年頃にスコットランドのグラスゴーで出版されていた『女予言者、あるいはユニヴァーサル・フォーチュン・テラー』や1860年頃にロンドンで出版された『ザ・ユニヴァーサル・フォーチュン・テラー』を見ると、それぞれ「コーヒー・カップの粕が運命を告げる」、「茶あるいはコーヒーの粕による占いの技」という章で、『ドイツの娯楽』とまったく同じ32の象徴が解説されている（図8、9）[31]。しかも、そこに書かれている個々の意味は、引用元も参照元も記されないまま『ドイツの娯楽』からの完全なコピーとなっている。

図9:『ザ・ユニヴァーサル・フォーチュン・テラー』

29: ドイツでは少なくとも18世紀半ばにコーヒー占いはポピュラーになっていた。従って『ドイツの娯楽』の中に書かれている「コーヒー占い」の象徴の意味を、さらに先行するドイツの「コーヒー占い」の本へと跡づけていくことも可能である。このことについては、タロットの研究家でもあるハック・マイヤーが調査を進めている。Mayer. (2012) "German Cartomancy Texts." http://trionfi.eu/village/viewtopic.php?f=21&t=1390 を見よ。さらに興味深いことにも、ヘレン・ライディングは、『ドイツの娯楽』以前にドイツで出版されている「夢占い」の本の中に同じような象徴の意味を見つけ出している。Riding. (2013) "The Spaewife: I spy." http://lenormanddictionary.blogspot.jp/p/the-spaewife-i-spy.html#7 を見よ。
30: Greer, Goodwin and Katz. (2013) "The Spaewife."
31: Anon. (c. 1840-1850?); Anon. (c.1860).

「コーヒー占い」の解釈方法

ところで、今日の「コーヒー占い」ないし「茶葉占い」では、カップの中にある形を解釈する際、カップの内側全体の空間に特定の意味づけが与えられることが多い。この空間の意味づけには、時系列的に見るか、非時系列に見るかの2通りがある。実際にどちらの方法を採用するかは、そもそもの質問の内容に、時間的な要素を含むかどうかで決まる。すなわち質問内容が、時間的な要素を含む場合（たとえばこれから一年間の未来を知りたいなど）は、茶葉の散らばっているカップ内側の空間を時系列的なものとみなすが、そうでない場合は、非時系列なものとしてみなすことになる。もしかすると、こうした技法が後の「ルノルマン・カード」の占い方に影響を与えた可能性はないだろうか。ここで蛇足かもしれないが、今日一般的に知られている「コーヒー占い」ないしは「茶葉占い」で行われている空間の意味づけを、ごく簡単に紹介しておこう。

まずは時系列的な方法から説明する。

図10のように、カップの内側全体の空間を、時の目盛りが配列されているようにイメージする。

ちょうどカップの持ち手の部分が「今ここ」の基点となり、時計回りにぐるりと時系列を進め、その一周を1年とみなす。そうすると、ちょうど持ち手の部分の反対の部分が、1年の半分の6ヵ月後を示すことになる。また、カップの円周の4分の1のところは3ヵ月後、そしてそのちょうど反対のところは9ヵ月後を示すことになる。さらに、カップの縁から底へと向かう

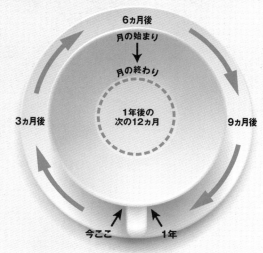

図10:「コーヒー占い」ないしは「茶葉占い」のカップの中のポジションの意味

161

ポジションにも意味づけがある。カップの縁を月の始まりとして、底へ近づくに連れて月の終わりへと向かう。そして底の部分は、1年後の次の12ヵ月のことを示す。

こうした時の目盛りの枠組みを作っておけば、茶葉がカップの内側のどこの場所に位置しているかで、出来事の時期を知ることができるわけだ。ちなみに、時のスパンについては、質問者の質問によって、あらかじめ変えておくことも可能だ。たとえば、質問がこの先の3ヵ月に関することであるなら、それぞれのポイントを、時計回りに1ヵ月後、2ヵ月後、3ヵ月後とすればよい。

一方の非時系列的な方法では、空間は次のような約束ごとによって解釈される。

カップの縁近くにある茶葉の形の意味はポジティヴなものとして解釈される。逆に、カップの底近くにある茶葉の形の意味はネガティヴなものとして解釈される。さらに、カップの持ち手の箇所と向かい合う反対の場所は、見知らぬ人からの影響を示すものとして解釈される[32]。

さらに時系列的な解釈と非時系列的な解釈が混在する方法では、次のようなものもある。持ち手に近い部分は、質問者に大きな影響を与える事柄で、そこから離れるにしたがって質問者への影響は少なくなる。また、カップの左側はネガティヴな影響で、右側はポジティヴな影響、さらにカップの縁は現在を意味し、底に向かっていくにつれて未来を表していると解釈される[33]。

こうしたカップ内側の空間の意味づけに基づいて、コーヒー粕ないしは茶葉の形は解釈されるわけだが、これが実際に「ルノルマン・カード」の占い方が発展していく中で、なんらかのヒントとなったかどうかは、今のところ確かなことは言えない。だが、「ルノルマン・カード」と「コーヒー占い」の間には、その解釈の技法の点から見ても非常に親近性があるように思われる。このことについては、さらに今後19世紀から20世紀初頭に出版された占い本を調べることによって、より詳細に跡づけていく必要があるだろう。

32: ここでのリーディング方法は、Hewitt (1999/1989), pp. 11-14; Fiery (1999),pp. 118-121; Pollack (1986), pp. 50-53 を参照した。
33: Buckland (1988), p.41.

◆━←・ま と め・→━◆

　ではこの辺りで、「ルノルマン・カード」の起源について、これまで述べてきたことを簡潔にまとめておこう。

　「ルノルマン・カード」の直接的な起源は、ヨハン・カスパー・ヘヒテルによって考案され、1799年頃にドイツのニュルンベルクで出版された『希望のゲーム』と題されたゲーム用の36枚からなるカードだったと思われる。

　ただし、ヘヒテルが『希望のゲーム』を考案する際、それに先立って出版されていた『ドイツの娯楽』に付属の「コーヒー・パック」が着想の源となった可能性がある。さらに「ルノルマン・カード」の個々の意味も、『ドイツの娯楽』に書かれていた「コーヒー占い」の象徴の意味に由来する可能性もある。仮に『ドイツの娯楽』自体を直接的に参照していなかったとしても、同種の「コーヒー占い」の象徴の意味が参照され、「ルノルマン・カード」の伝統的な意味は作られたと思われる。

　『希望のゲーム』が出版されてから44年後の1843年にパリの有名な占い師マドモアゼル・ルノルマンが死去。その3年後、『希望のゲーム』を基にした36枚からなるカードに商品名として「ルノルマン」の名をつけたものがドイツで出版される。そして、これこそが「ルノルマン・カード」の伝統の始まりとなる。

　以上が、今のところわかっているかぎりでの「ルノルマン・カード」の起源となる。

　では、その後の19世紀後半、「ルノルマン・カード」が広まっていく中、どのような形で占いが行われていたのだろうか。それを知るために、前述の「フィリップ・ルノルマン・シート」の中に出ている占い方を見てみるとしよう。

「フィリップ・ルノルマン・シート」の占い方

以下は、「フィリップ・ルノルマン・シート」に記されている占い方の全文である[34]。

カードの使用法

36枚のカードをシャッフルした後、それらを左手でカットし、5つの束にそれらを分ける。それらの4つの束には、それぞれ8枚のカードが含まれる。それを左から右に4列に置く。そして残りの4枚のカードの束を、最後の列の下の中央に置く。その結果、次のようになる。

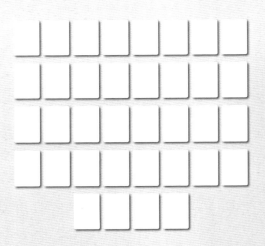

運命を語られることを望んでいる人は、女性の場合であれば29番、男性の場合であれば28番のカードにより表わされる。

これらのカード——28番と29番は最も注意を払わなければならない。その人の未来の幸福ないしは不運は、それらのポジションによって決まる。他のすべてのカードは、それら2枚のカードに近いか遠いかが運命を決めるため、そのポジションによって重要性は変わる。

34:「フィリップ・ルノルマン・シート」は次のところで見られる。Aeclectic Tarot. "Petit Lenormand History." http://tarotforum.net/showthread.php?t=175987&page=3

ここで使われているカードの配置も、今日の「ルノルマン・カード」で広く使われている「グラン・タブロー」の形となっている。だが、ここで「コーヒー・パック」の占い方を思い出してほしい。そこでは32枚のカードが8×4で配置されていた。それに照らし合わせると、ここで下の箇所に4枚のカードが置かれている理由が、32枚の「コーヒー・パック」のカードの配置を基にして、単に余ってしまった4枚が最後に並べられた結果、出来上がった形のように思えなくもない。

　さらに「フィリップ・ルノルマン・シート」の中には、女性を占った場合の実際のカードの解釈例も書かれている。以下に全文を訳しておく。

　これに対して次のような幸先の良い解釈を与えることができる。
　あなたの上に置かれている31番の「太陽」は、継続する幸せを保証している。なぜなら、右側に出ている16番の「星」が、あなたを照らしている。そのすべてを通して、あなたの計画は成功し、それによってあなたの結婚も幸せなものとなっている。右側に出ている28番、すなわちあなたの夫は、あなたの美徳を証明している。それは左側にある13番「子供」によって確認される。あなたを保護している30番「ユリ」と9番「花

束」は、あなたの善き行いを保証している。また運命は1番「騎手」を用いて、あなたを賛美し、その知らせをあなたの真の友人たちに伝えている。2番、3番、24番、4番、5番、32番、27番、18番、26番、21番、20番、15番、34番のカードはあなたを取り巻いているが、それらはあなたの善き行いを裏づけている。それらはあなたの未来の幸福のさらなる証となっている。あなたの結合した力は、あなたを貶めようとする中傷にもかかわらず、これまであなたを守ってきた。それは美徳が悪意ある陰謀を常に克服していることを高らかに証明している。しかしながら、あなたの幸福は、あなたを破滅させるためならなんでも行おうとする14番、12番、35番、23番によって表わされる妬み心によって、短い間ではあるが困惑させてきた。だが、それらの中傷はあなたの味方となっている公共の意見によって抑えられている。19番の「塔」は、これらの侮辱の下で持ちこたえる勇気が報いられ、あなたに幸せな老年を約束している。

　あなたは家庭の不調和の種を示す11番を克服している。17番は、あなたがすぐに住居を変えることを告げている。10番は確かに損害の兆候であるが、あなたの足下にある33番「鍵」に援助されている25番を通じて切り抜けていくことになるだろう。概して、すべての不愉快なことは、あなたからは遠い所にあり続けるだろう。なぜなら、それを告げる8番、6番、7番、36番の「棺桶」、「雲」、恐ろしい「ヘビ」、危険な「十字」は、あなたから離れている。そのため、しばらくの間、あなたに影響する可能性はない。あなたの幸せは神慮によって保証されている。そして不埒で堕落した世界にもかかわらず、今後も、あなたは自らの美徳の報いを享受することになるだろう。常に神慮を信じること。そうすれば神慮は、あなたを決して見捨てることはない。

　この解釈例では、前述の「コーヒー・パック」と同様、質問者のシグニフィケーターとなるカード、すなわち「淑女」(29)を見つけるところから始まっている。だが、その後の解釈は、「コーヒー・パック」の場合と比べて、かなり恣意的である。「コーヒー・パック」の場合は、基本的にシグニフィケーター

の上下、及びシグニフィケーターの同列のカードが解釈されていたが、ここではほとんどそのことが無視され、自由に好ましいカードを拾い上げていっているだけのように思われる。だが、ここには「コーヒー・パック」にはなかったが、その後の「グラン・タブロー」の解釈で一般的となる「近いか遠いか」という観点が含まれている。「棺桶」（8）、「雲」（6）、「ヘビ」（7）、「十字」（36）は、いずれも一番下の列に位置しているため、質問者のシグニフィケーターから離れたポジションにある。ここではこれらのカードが離れているがゆえに、「しばらくの間、あなたに影響する可能性はない」と述べ、遠いカードの影響力を低く見積もって解釈している。

　こうして初期の「ルノルマン・カード」の占い方を見てみると、今日知られている方法と比べて、読み手の自由に委ねられている部分がかなり多いことに気づかされる。ではその後、どのような過程を経て、今日知られているような「グラン・タブロー」でのさまざまな技法へと発展していったのか。このことについての詳細は、本書の紙数の都合上、また機会を改めたい。

　最後に初期の「ルノルマン・カード」の個々の意味を知るための参考として、「フィリップ・ルノルマン・シート」の中で書かれているすべてのカードの意味を、以下に全文訳しておく。カードによっては、今日の一般的に広まっている意味とやや異なるところもあるが、その基本的な意味の原形が、ここにあることは確かである。

1――「騎手（THE CAVALIER）」は幸運の使者である――もし不運なカードに取り囲まれていなければ、その人が期待しているような良い知らせを、彼自身の家族、あるいは外国のいずれかからもたらす。だが、それはすぐにではなく、しばらく後に起こるだろう。

2――「クローバーの葉（A CLOVER LEAF）」は良い知らせの前触れである。だが、もし雲に取り巻かれているなら、大きな苦痛を示す。しかし、もし2番が29番と28番の近くにあるなら、その苦痛は短い期間でしかなく、すぐに幸せな結果となるだろう。

3——商業のシンボルである「船(THE SHIP)」は、大きな富を意味する。それは貿易ないしは相続によって獲得されるだろう。もしその人の近くにある場合、近い将来の旅を意味する。

4——「家(THE HOUSE)」はあらゆる事業における成功と富の確かな印である。そしてその人の現在の立場が好ましくなかったとしても、未来は明るく幸せとなるだろう。もしこのカードがカード全体の中心にあり、その人の下にある場合、これは彼を取り巻いている人に用心すべきであることを示唆している。

5——もしその人から離れているなら、「木(A TREE)」は良好な健康状態を意味する。複数の木が描かれている異なるカードの場合、すべての穏当な望みが実現することは疑いない。

6——もし「雲(CLOUDS)」の明るい側がその人に向いている場合、幸運のサインである。暗い側がその人に向いている場合、なんらかの不快なことがすぐに起こるだろう。

7——「ヘビ(A SERPENT)」は不運のサインである。その程度は、その人からの距離が大きいか小さいかによる。常に詐欺、不義、悲しみがやってくることになるだろう。

8——その人のまさに近くに「棺(A COFFIN)」がある場合、危険な病気、死、財の完全な喪失を意味することは疑いない。その人からかなり離れている場合、このカードの危害は少なくなる。

9——「花束(THE NOSEGAY)」は、あらゆる面での大きな幸せを意味する。

10——「草刈り鎌(THE SCYTHE)」は大きな危険を意味する。良いカードがその周りにあるときだけ、それを避けることができる。

11——「竿(THE ROD)」は家族の中での静い、家庭内の苦悩、結婚している人の間での安らぎの欠如、長引く病気を示す。

12——「鳥(THE BIRDS)」は、短期間のことではあるが、克服するこ

とが困難なことを意味する。その人から離れている場合、楽しい旅が実現することを意味する。

13——「子供（THE CHILD）」は、その人が好ましい人づき合いをし、誰に対しても親切心にあふれていることを示す。

14——「キツネ（THE FOX）」が近くにある場合、あなたがかかわっている人たちを疑うべきサインである。なぜなら彼らの何人かは、あなたを騙そうとしている。もし離れている場合は、懸念される危険はない。

15——「熊（THE BEAR）」は幸運の使者となることもあれば、あるいはとりわけ妬み心を持っている知人から距離を開けて置くよう警告していることもある。

16——「星（THE STARS）」はすべての事業での幸運を保証している。だが、雲のそばにある場合、それは長い一連の不幸な出来事を意味する。

17——「コウノトリ（THE STORK）」は住居の変化を示す。このカードがその人の近くにあれば、それはすぐに起こるだろう。

18——「犬（THE DOG）」がその人の近くにある場合、その人の友人たちを誠実で偽りがないとみなすことができるサインである。だが、もし遠くに離れていて、雲に取り巻かれている場合、自ら友人であると名乗っている人たちを信頼すべきではないという警告になっているはずだ。

19——「塔（THE TOWER）」は幸せな老年期の希望となる。だが、雲に取り囲まれている場合、病気となり、状況次第では死の予言にすらなる。

20——「庭園（THE PARK）」は、上品な人と交際することになることを告げている。もし近くにある場合、非常に親密な友人関係が作られることになるだろう。だが、もし離れている場合、かりそめの友人を暗示する。

21――「山（THE MOUNTAINS）」がその人の近くにある場合は、強力な敵を警告している。もし離れている場合、信頼できる有力な友人となる。

22――「道（THE ROADS）」が雲に取り巻かれている場合は、災害のサインである。だが、そうではなく、またその人から離れている場合は、悪いことが起こりそうな危険を避けるための方向や方法を見つけられることを意味する。

23――「ネズミ（THE MOUSE）」は盗み、損失のサインである。近くにある場合、失くし物や盗まれた者を取り返せることを意味する。もし離れている場合、損失は修復不可能となるだろう。

24――「ハート（THE HEART）」は喜びのサインであり、調和と無上の喜びへと導く。

25――「指輪（THE RING）」がその人の右側に出ている場合、豊かで幸せな結婚を告げている。左側で離れている場合、愛情を抱いてい

る人との不和、結婚の破棄となる。

26――「本（THE BOOK）」は、あなたが秘密を見つけることになることを示している。それによって、あなたは何らかの判断を下すことができる。だが、答えを見つけるにはしっかりとした注意が必要とされる。

27――「手紙（THE LETTER）」は雲がなければ、離れたところからやってくる好ましい幸運や知らせを意味する。だが、もしその人の近くに暗い雲がある場合、その知らせは大きな悲しみをもたらすものとなるに違いない。

28――「紳士（THE GENTLEMAN）」
29――「淑女（THE LADY）」運命が語られる人の性別によって、全体のカードは、これらのカードのどちらか、すなわち「淑女」（29）か「紳士」（28）のどちらかと関連する。

30――「ユリ（THE LILIES）」は幸せな人生を示す。雲に取り巻かれている場合、家庭の苦悩を意味する。もしこのカードが、あなたが非常に強い興味を持っている人（もし

女性が質問者であるなら28のカード、男性が質問者なら29のカード)の上にある場合、その人が純潔そのものであることを意味する。その人の下にある場合、道義の面で疑わしい。

31——近くに「太陽(THE SUN)」がある場合、その光線が光と暖かさを広めるため、幸せと喜びを示す。離れている場合、太陽の影響なしには何も成長することができないため、不運と悲しみを示す。

32——「月(THE MOON)」はその人のそばにある場合、大きな名誉、財、名声のサインである。離れている場合、悲しみと窮乏を意味する。

33——「鍵(THE KEY)」が近くにある場合、望みあるいは計画の確かな成功を意味する。離れている場合、その逆となる。

34——「魚(THE FISHES)」がその人の近くにある場合、海に関する事業での大きな財の獲得、一連の着手していたことの成功を示す。もし離れている場合、どれほどしっ

かりと企画されて計画されていても、いかなる投機も失敗することを示す。

35——「錨(THE ANCHOR)」は海での事業の成功、貿易での大きな利益、本物の愛のサインである。だが、離れている場合、期待していたことでの完全な失望、蝶のように不安定な愛を意味する。

36——「十字(THE CROSS)」は常に悪いサインである。もしその人の近くにあれば、不運は長く続かないと思っていてよい。

付録 I　キーワード・リスト

	カード	キーワード	他のカードへの影響
1	騎士	吉報　嬉しいニュース　メッセージ　伝達　エリート　カリスマ　訪問者　スピード　俊敏　英雄　勇気　英才教育　昇進　名誉　高貴　忠誠　慈愛　礼節　奉仕　配達人　郵便局員　たくましい恋人や夫　スポーツマン　車　自転車　バイク　馬	
2	クローバー	チャンス　満足感　勝利　楽しい出来事　誠実　ラッキー　幸運　健康　愛情　春　新生　活力　褒める　観葉植物　漢方薬　薬　お守り　厄除　思いがけない幸福	隣接するカードのポジティブ要素をアップさせる
3	船	夢　冒険　チャレンジ　旅　フェリー　客船　海外　世界　アルバイト　パート　営業職　外国人　スキルアップ　遠出　船出　挑戦者　船乗り　添乗員　旅行会社　異文化交流　新しい価値観との出会い　フリーランスの仕事	
4	家	家庭運　家　家庭　家族　家系　妻　原点　故郷　望郷　思い出　現実逃避　身辺の変化　価値観　行動基準　基盤　耐久性　素性　不動産業　新築　借家　賃貸　アパート　家を買う　在宅ワーク　ホームページ　日常生活　安心する場所	
5	樹木	健康運　健康　生命　癒やし　成長　医学　医療　病気　医者　患者　薬剤師　体力　病院　医療関係者　ドラッグストア　永遠　豊穣　信仰　繁栄　観葉植物　森林　大工　林業　果樹園　木を育てる仕事　じっくり　長寿　日陰　季節　聖霊　生命力　更新　再生	
6	雲	曇天　雨　混乱　グレーゾーン　横やり　迷い　曖昧（あいまい）　不安要素　トラウマ　不安　モヤモヤ　腹黒い　妨害　一旦停止　足止め　覆い隠す　移ろいやすさ　朽ちやすさ　暗闇　恥　恥辱　不信感　分離　災い	隣接するカードを一旦停止させる（曇らせる）
7	ヘビ	悪事　凶事　邪悪　зл運（悪運）　裏切り　女友達　復活　再生　悪意　嫉妬　敵　賢い女性　爬虫類　不正行為　鋭さ　賢さ　裏切り　冷血　年配の女性　女性の友人、知的な女性　魔術　精神的葛藤　欲望	隣接するカードにネガティブな影響を及ぼす
8	棺	死　末期　最後　破壊　終末　終息　結末　悲しみ　終焉　終わらせること　腐敗　葬儀　遺産　相続　沈黙　ひきこもり　致命的　変化　急変　仕切り直し　執着　未練　箱　ゴミ箱　日の当たらない場所	
9	花束	祝福　感動　慶事　祝いごと　喜び　贈り物　誕生日　結婚式　招待　サプライズプレゼント　豪華さ　華やかさ　美しいもの　はかなさ　春　アプローチ　ときめき　生け花　花輪　押し花　花屋　フラワーアレンジメント　飾り　美容師　エステシャン　美に関すること	
10	鎌	決断　分離　中断　別れ　拒絶　危険　攻撃　事故　暴力　怪我　分裂　離婚　切る作業　ショックな出来事　ケガ　外科　農業　豊穣　旬　衝撃的な出来事　時間	
11	鞭	アクシデント　喧嘩　口論　トラブル　争い　不和　奮い立たせる　はげまし　叱咤　口うるさい　しつけ　体罰　訓練　咳　嘆き　痛み　暴力　打身　打撲　事故　怪我　自己啓発	
12	鳥	コミュニケーション　会話　おしゃべり　会合　会議　情報　インターネット　SNS　歌　楽器　カラオケ　風評　噂　広報活動　新聞　知識　口コミ　小さな鳥	

付録I　キーワード・リスト

	カード	キーワード	他のカードへの影響
13	子供	子供　新規　新しい　始まり　初め　新学期　新入学　新入社員　初心者　幼少時代　幼なじみ　幼き　可愛らしき　無邪気　無垢　純粋　無知　未熟　残酷さ　幼稚園　小学校　中学校　おもちゃ　子供用品	
14	キツネ	偽善　詐欺　陰謀　策士　詐欺師　嘘　嘘つき　青年　恋敵　ライバル　研究者　先輩　同僚　探求心　研究熱心　知略　好色　異端　自己主張　頭の回転が速い人物　賢い人物　エキスパート	
15	熊	権力　力　母性　上司　権力者　目上の人　支配者　地位　高貴　威厳　根気　忍耐　リーダーシップ　統率力　母親　保護者　庇護者　職人　教授　博士　地位の高い人物　圧倒する　身体の大きな人物　大きな動物	
16	星	目標　願望　希望　憧れ　導き　煌めき　光　注目　人気　人気者　夢　到達点　指針　洞察力　軌道　有名人　センス　アイドル　芸能人　アイデア　占星術　宇宙　天文学　秩序　啓示　伝説	
17	コウノトリ	移転　移動　変化　引っ越し　リフォーム　転校　転職　再配置　配置換え　革命　改革　改善　妊娠　分娩　出産　新しい家族　親孝行　国内旅行　飛行機　飛行　躍進　飛躍　遠出　大きな鳥	「ヘビ」のカードのネガティブ要素を消す効果を持つ
18	犬	友情　友人　仲間　同僚　親友　信頼　信用　従順　忠義　服従　同情　欲深い　うぬぼれ　警戒心　怒り　愛犬　年下の男性　気弱　大口を叩く　犬や猫などのペット	
19	塔	国家　公的　法律　法的なこと　ルール　牢獄　政治　行政　制度　国立　学校　官職　建物　公務員　マンション　職場　会社　団体　認定　救済　伝統　習わし　継承　隠された心理　遺産　隠れ家　超俗　見張り　救済　保護者　良心　堅固　頑固　傲慢	
20	庭園	人が集まる場所　会場　イベント会場　遊園地　公園　コンサート　美術館　博物館　クラブ活動　サークル　パーティ　飲み会　女子会　カルチャースクール　婚活　交流　社交　楽園　四季　活気や明るさのある場所　活躍できる場	
21	山	スランプ　試練　障害　壁　困難　達成会　ブロック　高い目標　隔たり　国境　延滞　遅れ　忍耐　向上　頂上　山　山岳　ハイキング　登山家　山岳信仰　霊山　崇高な場所　精神的な高み　超越　抜きんでる　上を目指す	
22	道	選択　選択肢　人生の岐路　ターニングポイント　道しるべ　分岐点　道　道路　高速道路　パイプ　歩く　レール　地図　ナビゲーション　目標までの道のり　究めるための道	
23	ネズミ	損失　盗難　窃盗　病気　ウィルス　失うもの　忘れ物　落とし物　置き引き　スリ　悪い噂　増殖　感染　不潔　蔓延　疾病　貯蓄　蓄え　ハムスター　モルモット　小動物	
24	ハート	恋愛　愛情　親愛　情熱　心　恋心　恋愛　ロマンス　ときめき　夢中　情け　感情　好感　良心　好意　慈愛　誠実　情緒　恋人　嫉妬　心臓　心理　心理学者　博愛　満足感	

173

付録 I　キーワード・リスト

	カード	キーワード	他のカードへの影響
25	指輪	契約　約束　認知　婚約　誓い　合意　協定　繋げる　パートナーシップ　公正　合法　信頼関係　無限　身分証明　公文書　所有権　絆　結合　盟約　連帯　確約　印鑑　貴金属　指輪　婚約指輪　アクセサリー　宝石	
26	本	学問　学習　勉強　テキスト　本　漫画　小説　解説書　ブログ　機密文書　日記　記憶　記録　資格　専門知識　知識欲　履歴　文化　封印　掟　秘密　明かされない真実　隠しごと　図書館　本屋　塾　ノート　文房具	
27	手紙	通知　便り　メール　LINE　手紙　はがき　封書　ファックス　知らせ　情報　電報　届け　郵便物　ダイレクトメール　チラシ　文書　個人情報　請求書　招待状　案内状　郵便局	
28	紳士	男性を表すカード　人物カードとして使用　男性　彼　僕　男気　男らしい人物　男性の友人や知人　男性的　○○男子（草食男子など）	
29	淑女	女性を表すカード　人物カードとして使用　女性　彼女　私　色気　女らしい人物　女性の友人や知人　女性的　○○女子（肉食女子など）	
30	ユリ	セックス　セクシュアリティ　性的なこと　プラトニック　恥じらい　平和　純粋　潔白　処女性　円熟　老後　シニア　威厳　介護　介護職　老人ホーム　ボランティア　自己犠牲　献身　香水　聖職　葬儀　結婚式　花嫁　聖域　愛人	「ヘビ」のカードのネガティブな影響を遅らせる効果を持つ
31	太陽	年運　運勢　昇格　成功　栄光　名誉　カリスマ　リーダー　夏　エネルギー　活力　パワー　男性心理　男性性　威厳　権威　最高の地位　陽だまり　勝利　生命力　熱　意志　正義	隣接するカードのネガティブ要素を打ち消す効果とポジティブ要素を最大限に引き出す効果を持つ
32	月	夜間の出来事　霊感　直感　予感　予言　新生　深層心理　インナーチャイルド　妻　女性性　女性心理　評判　サポートされる　ロマンス　芸術　人気　才能　ホルモンバランス　作家　ライター	
33	鍵	問題解決　解決のヒント　チャンス　セキュリティー　きっかけ　解決法　暗証番号　守る　保護　貞操観念　幸運の鍵　家の鍵　金庫の鍵　キーホルダー　ロックシステム　解き放つ　役員　財務管理者　支配権	隣接するカードが問題解決のヒントであることを啓示する役割が主
34	魚	お金　財産　資産　富　財力　預貯金　投資　商取引　銀行員　拡大　お年玉　小遣い　給料　ギャラ　収入　性衝動　食欲　糧　魚　海産物　漁業　漁師　熱帯魚　観賞魚　裕福な人	
35	錨	堅実　頑固　安定　安心　信頼　固定　仕事　会社　社会　学校　希望　現実　キャリア　職人　準備期間　定期　定形　正規雇用　資格　信頼　信用　確信　救済　港　港町	
36	クロス	重荷　運命　運命的　使命　宿命　人生　受難　困難　苦闘　試練　忍耐　苦労　不遇　天命　生き様　魂　啓示　高次元　教会　宗教　信仰　聖職者　天職　罪　次元　節度　屈辱　不名誉	

付録II　コンビネーション・リーディング

1　騎士

- 騎士×クローバー・・・・・・・・・・思いがけない吉報　当選
- 騎士×船・・・・・・・・・・・・・・・海外からの良いニュース
- 騎士×家・・・・・・・・・・・・・・収入が入る
- 騎士×家×鞭・・・・・・・・・・・・浮気　不倫　火事
- 騎士×雲・・・・・・・・・・・・・・損失　闘争
- 騎士×ヘビ・・・・・・・・・・・・・悪いニュース
　　　　　　　　　　　　　　　　不吉な出来事
- 騎士×棺・・・・・・・・・・・・・・死や病気の予知　悩みや
　　　　　　　　　　　　　　　　災いの訪れ　不健康
- 騎士×山・・・・・・・・・・・・・・吉報が遅れる
- 騎士×山×花束・・・・・・・・・・・大きな成功　立身　大吉
- 騎士×ネズミ・・・・・・・・・・・・驚く変事
　　　　　　　　　　　　　　　　家が滅びる前兆
- 騎士×魚・・・・・・・・・・・・・・臨時収入　財貨の獲得
　　　　　　　　　　　　　　　　報奨金
- 騎士×錨・・・・・・・・・・・・・・仕事の成功　正真　栄誉
　　　　　　　　　　　　　　　　開運の前触れ　合格
　　　　　　　　　　　　　　　　利益をしっかり確保する

2　クローバー

- クローバー×雲・・・・・・・・・・・アンラッキー
- クローバー×ヘビ・棺・鎌・クロス
・・・・・・・・・・・・・・・・・・悪い意味合いを和らげる
　　　　　　　　　　　　　　　　効果
- クローバー×花束・・・・・・・・・・最高に喜ばしい出来事
- クローバー×星・・・・・・・・・・・周囲からの引き立て
　　　　　　　　　　　　　　　　人気急上昇
- クローバー×ネズミ・・・・・・・・・うっかりミス　勘違い
- クローバー×ハート・・・・・・・・・恋愛成就　ときめき　喜び
　　　　　　　　　　　　　　　　嬉しいサプライズ
- クローバー×手紙・・・・・・・・・・知人からの嬉しい知らせ
- クローバー×太陽・・・・・・・・・・勝利　昇格
- クローバー×月・・・・・・・・・・・閃き　よいアイデア
- クローバー×魚・・・・・・・・・・・懸賞などの当選　宝くじ

3　船

- 船×家・・・・・・・・・・・・・・・旅立ち　親離れ　自立
- 船×雲・・・・・・・・・・・・・・・旅行の中止　苦労　困難
- 船×コウノトリ・・・・・・・・・・・海外への留学や赴任　長
　　　　　　　　　　　　　　　　期的な海外旅行　遠方
- 船×道・・・・・・・・・・・・・・・新しい価値観　未開拓の
　　　　　　　　　　　　　　　　場所
- 船×道×棺・・・・・・・・・・・・・渋滞　前途多難
- 船×太陽・・・・・・・・・・・・・・降盛運に乗る　高い地位
　　　　　　　　　　　　　　　　に上がる
- 船×月・・・・・・・・・・・・・・・良い職が得られる
- 船×錨・・・・・・・・・・・・・・・停滞　時期を待つ

4　家

- 家×雲・・・・・・・・・・・・・・・家族に病人が出る　家族
　　　　　　　　　　　　　　　　に不幸な出来事が起こる
- 家×棺・・・・・・・・・・・・・・・家の主に災いが起こる
　　　　　　　　　　　　　　　　深刻な経済状況
- 家×花束・・・・・・・・・・・・・・家庭内での喜事
　　　　　　　　　　　　　　　　家族からの祝福
　　　　　　　　　　　　　　　　祝いごと　花屋
- 家×鞭・・・・・・・・・・・・・・・家庭内暴力　家族間での
　　　　　　　　　　　　　　　　ケンカ　離散
- 家×子供・・・・・・・・・・・・・・新築　家の購入　子供の
　　　　　　　　　　　　　　　　誕生
- 家×子供×棺・・・・・・・・・・・・子供に災いが起こる
　　　　　　　　　　　　　　　　子供の病気
- 家×コウノトリ・・・・・・・・・・・引っ越し　移転
- 家×コウノトリ×ヘビ・・・・・・・・愛人　不倫
- 家×塔・・・・・・・・・・・・・・・ホームセンター
　　　　　　　　　　　　　　　　住宅展示場
- 家×太陽・・・・・・・・・・・・・・好調な運気　病気の回復
　　　　　　　　　　　　　　　　結婚相手が現れる　財産
　　　　　　　　　　　　　　　　が増える
- 家×魚・・・・・・・・・・・・・・・魚屋

5　樹木

- 樹木×家・・・・・・・・・・・・・・一家が繁栄する　家業が
　　　　　　　　　　　　　　　　繁盛する　妊娠
- 樹木×家×鎌・・・・・・・・・・・・家族に病人、ケガ人が出
　　　　　　　　　　　　　　　　る　稼ぎ手を失う　家族
　　　　　　　　　　　　　　　　や兄弟姉妹の再教育、矯
　　　　　　　　　　　　　　　　正が必要になる
- 樹木×花束・・・・・・・・・・・・・努力が実る　病気が治癒
　　　　　　　　　　　　　　　　する　幸福の訪れ
- 樹木×鎌・・・・・・・・・・・・・・ケガ　発病　乾き　衰
　　　　　　　　　　　　　　　　弱　衰運
- 樹木×鞭・・・・・・・・・・・・・・体罰　拷問　しごき
- 樹木×太陽・・・・・・・・・・・・・発展性　将来性がある

付録Ⅱ　コンビネーション・リーディング

　　　　　　　　急成長　願いがかなう
・樹木×月・・・・・・・・・・・・・癒し　スピリチュアル

6 雲

・雲×鳥・・・・・・・・・・・・・・会話がない　意思の疎通
　　　　　　　　　　　　　　ができない　疑い
・雲×星・・・・・・・・・・・・・・横やりや妨害が入る
　　　　　　　　　　　　　　孤独
・雲×塔・・・・・・・・・・・・・・不安定　基盤が揺らぐ
　　　　　　　　　　　　　　不正　投獄
　　　　　　　　　　　　　　晩年運がない
・雲×庭園・・・・・・・・・・・・・イベントやコンサートの中
　　　　　　　　　　　　　　止　外出できない
・雲×山・・・・・・・・・・・・・・見通しが立たない　過剰
　　　　　　　　　　　　　　な心配　急な変更
・雲×ハート・・・・・・・・・・・・恋人の心変わり　不信感
・雲×指輪・・・・・・・・・・・・・契約不履行　婚約解消
・雲×手紙・・・・・・・・・・・・・知人からの情報が入らな
　　　　　　　　　　　　　　い　悪いニュース
・雲×太陽・・・・・・・・・・・・・目上や上司から不興を買う
　　　　　　　　　　　　　　夫や恋人（男性）の浮気
　　　　　　　　　　　　　　願望が達成できない
　　　　　　　　　　　　　　仕事や商売の失敗
　　　　　　　　　　　　　　リストラ　降格
・雲×月・・・・・・・・・・・・・・鬱　精神的苦痛　妻や恋
　　　　　　　　　　　　　　人（女性）の浮気
　　　　　　　　　　　　　　母親や妻に不幸や災いが
　　　　　　　　　　　　　　起きる　援助が切れる
　　　　　　　　　　　　　　支援者との縁切れ

7 ヘビ

・ヘビ×棺・・・・・・・・・・・・・悪運　災難　不運　損失
　　　　　　　　　　　　　　生命力の衰え
・ヘビ×花束・・・・・・・・・・・・誘惑　嘘　したたか
　　　　　　　　　　　　　　下心
・ヘビ×鞭・・・・・・・・・・・・・脅迫　幸運を逃す
・ヘビ×鳥・・・・・・・・・・・・・嘘の情報　誤報
・ヘビ×キツネ・・・・・・・・・・・詐欺　腐れ縁　結婚詐欺
　　　　　　　　　　　　　　不謹慎な関係
・ヘビ×ユリ・・・・・・・・・・・・誘惑　不倫　愛人　欲望
　　　　　　　　　　　　　　多情　不貞　嘘
・ヘビ×月・・・・・・・・・・・・・魔術　魔力　神秘　オカ
　　　　　　　　　　　　　　ルト　サイキックな気づき

8 棺

・棺×塔・・・・・・・・・・・・・・葬儀場
・棺×指輪・・・・・・・・・・・・・離婚　別離　離散　契約
　　　　　　　　　　　　　　の取り消し
・棺×ユリ・・・・・・・・・・・・・葬儀　レクイエム
・棺×鍵・・・・・・・・・・・・・・問題が解決しない　迷宮
　　　　　　　　　　　　　　入り
・棺×クロス・・・・・・・・・・・・お墓　終結　最後

9 花束

・花束×騎士・・・・・・・・・・・・喜ばしいニュース
　　　　　　　　　　　　　　祝福される
・花束×庭園・・・・・・・・・・・・お祭り　植物園　お花見
　　　　　　　　　　　　　　ガーデンパーティー
・花束×道・・・・・・・・・・・・・幸福への道筋
　　　　　　　　　　　　　　夢への近道
・花束×ハート・・・・・・・・・・・大いなる喜び
・花束×指輪・・・・・・・・・・・・婚約　結婚　良い契約
　　　　　　　　　　　　　　受賞　表彰
・花束×本・・・・・・・・・・・・・積み上げてきた研究の成
　　　　　　　　　　　　　　果
・花束×手紙・・・・・・・・・・・・招待状　告白
・花束×魚・・・・・・・・・・・・・観賞魚

10 鎌

・鎌×騎士・・・・・・・・・・・・・待ちぼうけ　連絡は来ない
・鎌×船・・・・・・・・・・・・・・旅や新規の計画の中断
　　　　　　　　　　　　　　渡航できない
・鎌×家・・・・・・・・・・・・・・家系の断絶
　　　　　　　　　　　　　　家族が離散する
・鎌×鳥・・・・・・・・・・・・・・情報が途絶える
　　　　　　　　　　　　　　会話ができない
　　　　　　　　　　　　　　意思疎通がない
・鎌×犬・・・・・・・・・・・・・・友情が終わる
　　　　　　　　　　　　　　友人の消息がつかめない
・鎌×道・・・・・・・・・・・・・・事故　誤った選択
　　　　　　　　　　　　　　行き止まり
・鎌×ハート・・・・・・・・・・・・誤解　心が離れる
　　　　　　　　　　　　　　気持ちが冷める　別れ
・鎌×太陽・・・・・・・・・・・・・目標が達成できない　降
　　　　　　　　　　　　　　格　挫折

付録II　コンビネーション・リーディング

・鎌×錨 ・・・・・・・・・・・・・解雇　退学　仕事を失う
　　　　　　　　　　　　集中できない　疎外感

❖ 11　鞭　❖

・鞭×騎士 ・・・・・・・・・・・交通事故
・鞭×鳥 ・・・・・・・・・・・・口論　嫌味
・鞭×子供 ・・・・・・・・・・親子ゲンカ　子供のケガ
　　　　　　　　　　　　や病気
・鞭×熊 ・・・・・・・・・・・・目上の人物や上司との意
　　　　　　　　　　　　見の食い違い
　　　　　　　　　　　　後押しされない
・鞭×犬 ・・・・・・・・・・・・友人とのケンカ、口論
・鞭×ネズミ ・・・・・・・・・悪口　陰口　いじめ
・鞭×手紙 ・・・・・・・・・・メールの行き違い
　　　　　　　　　　　　配信ミス

❖ 12　鳥　❖

・鳥×船 ・・・・・・・・・・・・海外とのコミュニケーション
　　　　　　　　　　　　旅の情報
・鳥×花束 ・・・・・・・・・・喜ばしい情報
　　　　　　　　　　　　嬉しい情報
・鳥×子供 ・・・・・・・・・・子供の情報　学校からの
　　　　　　　　　　　　お知らせ
・鳥×道 ・・・・・・・・・・・・渋滞情報　交通情報
・鳥×ネズミ ・・・・・・・・・パンデミック
　　　　　　　　　　　　新型の感染病
・鳥×月 ・・・・・・・・・・・・思い出や過去の情報から
　　　　　　　　　　　　閃きがある
・鳥×錨 ・・・・・・・・・・・・仕事に役立つ情報
　　　　　　　　　　　　卒業論文　テスト

❖ 13　子供　❖

・子供×ヘビ ・・・・・・・・・悪い友人　いじめ
　　　　　　　　　　　　年配の女性の先生
・子供×花束 ・・・・・・・・・入学　子供が祝福される
・子供×星 ・・・・・・・・・・夢　希望
・子供×コウノトリ ・・・・・転校　クラス替え
・子供×犬 ・・・・・・・・・・新しい友達
・子供×塔 ・・・・・・・・・・幼稚園　保育園　小学校
・子供×庭園 ・・・・・・・・・校庭　公園　子供会
・子供×魚 ・・・・・・・・・・お小遣い　お駄賃

❖ 14　キツネ　❖

・キツネ×家 ・・・・・・・・・隙を狙って不利益をもたら
　　　　　　　　　　　　そうとしている人物がそば
　　　　　　　　　　　　にいる
・キツネ×樹木 ・・・・・・・・薬剤師　マッサージ師
　　　　　　　　　　　　インターン　研究員
・キツネ×花束 ・・・・・・・・賢い協力者　ブレイン
・キツネ×鎌 ・・・・・・・・・人から疑われる　嫌疑を
　　　　　　　　　　　　かけられる
・キツネ×鳥 ・・・・・・・・・IT関係
　　　　　　　　　　　　システムエンジニア
・キツネ×ネズミ ・・・・・・・詐欺　セールストーク
・キツネ×太陽 ・・・・・・・・見栄をはる
・キツネ×月 ・・・・・・・・・疑心暗鬼になる　自己中
　　　　　　　　　　　　心的になる　被害妄想

❖ 15　熊　❖

・熊×家 ・・・・・・・・・・・・一家の主が高い地位に就
　　　　　　　　　　　　く　自治会長　代表
・熊×樹木 ・・・・・・・・・・医者　博士
・熊×ヘビ ・・・・・・・・・・嫉妬　妬み
・熊×棺 ・・・・・・・・・・・・女性の病気　母親の身に
　　　　　　　　　　　　心配事が起きる
・熊×鎌 ・・・・・・・・・・・・暴動　暴力　横暴　ワン
　　　　　　　　　　　　マン
・熊×子供 ・・・・・・・・・・安産　母親　母性愛
・熊×塔 ・・・・・・・・・・・・政治家　官僚　教授　校
　　　　　　　　　　　　長　学長
・熊×太陽 ・・・・・・・・・・高い地位に出世する　上
　　　　　　　　　　　　司から推薦される　抜擢
　　　　　　　　　　　　権力　社会的な活動力
　　　　　　　　　　　　権威ある人物
・熊×月 ・・・・・・・・・・・・マザコン　外からの強い
　　　　　　　　　　　　圧力

❖ 16　星　❖

・星×騎士 ・・・・・・・・・・カリスマ　アイドル
　　　　　　　　　　　　芸能人　有名人
・星×樹木 ・・・・・・・・・・長期的な計画
・星×塔 ・・・・・・・・・・・・大器晩成　老年期に恵ま
　　　　　　　　　　　　れる　プラネタリウム
・星×山 ・・・・・・・・・・・・時間がかかるがハードルを

付録Ⅱ　コンビネーション・リーディング

越えることができる

・星×道 ・・・・・・・・・・・・・・・・ 導き　周囲からの推薦
・星×太陽 ・・・・・・・・・・・・・・ ずば抜けた才能で仕事を
　　　　　　　　　　　　　　　成し遂げる　積極的になり
　　　　　　　　　　　　　　　成功　称賛　栄誉
・星×月 ・・・・・・・・・・・・・・・・ 予感　先見の明　センス
　　　　　　　　　　　　　　　がある　優しい心

17　コウノトリ

・コウノトリ×花束 ・・・・・・・・・ 栄転　条件が良い場所へ
　　　　　　　　　　　　　　　の移動
・コウノトリ×鎌 ・・・・・・・・・・・ 足止め　身動きがとれない
・コウノトリ×塔 ・・・・・・・・・・・ 老人ホーム　終の棲家
　　　　　　　　　　　　　　　安らぐ場所
・コウノトリ×錨 ・・・・・・・・・・・ 転動族　転職が続く
　　　　　　　　　　　　　　　仕事が安定しない

18　犬

・犬×船 ・・・・・・・・・・・・・・・・ 希望にあふれた青年
　　　　　　　　　　　　　　　水兵　漁師
・犬×家 ・・・・・・・・・・・・・・・・ 番犬　ペット　セキュリティ
　　　　　　　　　　　　　　　ペットショップ
・犬×ヘビ ・・・・・・・・・・・・・・ 友人の裏切り、嘘
・犬×棺 ・・・・・・・・・・・・・・・・ 友人関係が終わる
　　　　　　　　　　　　　　　自分を悩ませていた人物と
　　　　　　　　　　　　　　　の決別
・犬×鎌 ・・・・・・・・・・・・・・・・ 友人との喧嘩　他者から
　　　　　　　　　　　　　　　の非難や攻撃
・犬×子供 ・・・・・・・・・・・・・・ 新入社員　若い男性
・犬×キツネ ・・・・・・・・・・・・・ ライバル　切磋琢磨
・犬×熊 ・・・・・・・・・・・・・・・・ 主従関係　部下
・犬×塔 ・・・・・・・・・・・・・・・・ 警察官　消防士　自衛官
・犬×塔×樹木 ・・・・・・・・・・・ 動物病院

19　塔

・塔×船 ・・・・・・・・・・・・・・・・ 灯台　レジャー施設
・塔×樹木 ・・・・・・・・・・・・・・ 病院　保養所
　　　　　　　　　　　　　　　サナトリウム
・塔×花束 ・・・・・・・・・・・・・・ ファッションマート
　　　　　　　　　　　　　　　商業施設
・塔×花束×指輪 ・・・・・・・・・ 結婚式場
・塔×鎌 ・・・・・・・・・・・・・・・・ 倒産　破産

・塔×鞭 ・・・・・・・・・・・・・・・・ 降格　失権　失職
・塔×鳥 ・・・・・・・・・・・・・・・・ 電波塔　テレビ局　ラジオ
　　　　　　　　　　　　　　　局　情報発信される建物
・塔×熊×鎌 ・・・・・・・・・・・・・ 歪んだ権力志向　築いて
　　　　　　　　　　　　　　　きたものへの不満
・塔×ネズミ ・・・・・・・・・・・・・ 刑務所　牢獄
・塔×本 ・・・・・・・・・・・・・・・・ 図書館
・塔×太陽 ・・・・・・・・・・・・・・ 権力を掴む
・塔×魚 ・・・・・・・・・・・・・・・・ 銀行　証券取引所
・塔×魚×庭園 ・・・・・・・・・・・ 水族館　レストラン
・塔×クロス ・・・・・・・・・・・・・ 教会　裁判所

20　庭園

・庭園×樹木 ・・・・・・・・・・・・ 森林公園
・庭園×棺 ・・・・・・・・・・・・・・ 墓地
・庭園×鳥 ・・・・・・・・・・・・・・ 公開放送　音楽ホール
　　　　　　　　　　　　　　　オーケストラ
　　　　　　　　　　　　　　　音楽スタジオ
・庭園×魚 ・・・・・・・・・・・・・・ 噴水　池　湖

21　山

・山×家 ・・・・・・・・・・・・・・・・ 山小屋
・山×樹木 ・・・・・・・・・・・・・・ 利得がある
・山×雲 ・・・・・・・・・・・・・・・・ 前進できない　実現困難
　　　　　　　　　　　　　　　霧が晴れるまで待つ
　　　　　　　　　　　　　　　目標
・山×棺 ・・・・・・・・・・・・・・・・ 孤立無援　世捨て人
・山×道 ・・・・・・・・・・・・・・・・ 山道　困難な道のり
・山×ネズミ ・・・・・・・・・・・・・ やる気をそがれる
・山×指輪 ・・・・・・・・・・・・・・ 努力が実って成功する
　　　　　　　　　　　　　　　財産や地位を得る

22　道

・道×騎士 ・・・・・・・・・・・・・・ 道を究める　エリート
　　　　　　　　　　　　　　　武芸
・道×船 ・・・・・・・・・・・・・・・・ 高速道路　線路　路線
　　　　　　　　　　　　　　　航路　空港
・道×ヘビ ・・・・・・・・・・・・・・ 裏街道　誤った道
　　　　　　　　　　　　　　　いかがわしい道
・道×棺 ・・・・・・・・・・・・・・・・ 行き詰る　行き止まり
・道×鞭 ・・・・・・・・・・・・・・・・ 交通事故　工事現場
・道×月 ・・・・・・・・・・・・・・・・ 心理　悟り

178

付録Ⅱ　コンビネーション・リーディング

・道×クロス・・・・・・・・・・・・不吉　災い　迷い
　　　　　　　　　　　　　　未練を残す

23　ネズミ

・ネズミ×騎士・・・・・・・・・・悪い噂があっという間に広
　　　　　　　　　　　　　　がる　インフルエンザ
　　　　　　　　　　　　　　流行病
・ネズミ×船・・・・・・・・・・・沈没　挫折
・ネズミ×家・・・・・・・・・・・盗難　泥棒　空き巣　個
　　　　　　　　　　　　　　人情報が盗まれる　家庭
　　　　　　　　　　　　　　内での感染病　貧窮する
・ネズミ×鎌・・・・・・・・・・・遅刻　待ち合わせや集合
　　　　　　　　　　　　　　時間を間違える
・ネズミ×鞭・・・・・・・・・・・復讐　反逆　抵抗
・ネズミ×鳥・・・・・・・・・・・情報の漏洩

24　ハート

・ハート×雲・・・・・・・・・・・テンションが下がる
　　　　　　　　　　　　　　気持ちが塞がる
・ハート×ヘビ・・・・・・・・・・邪心　悪い心
　　　　　　　　　　　　　　不純な考え
・ハート×棺・・・・・・・・・・・諦め　志半ばで諦める
・ハート×鎌・・・・・・・・・・・失恋　恋心が冷める
　　　　　　　　　　　　　　離婚　別れ　心離れ
・ハート×犬・・・・・・・・・・・忠義心　奉仕
　　　　　　　　　　　　　　ボランティア
・ハート×ネズミ・・・・・・・・・心臓疾患　動悸　血液や
　　　　　　　　　　　　　　循環器系の病気
・ハート×錨・・・・・・・・・・・お見合い　安心感、落ち
　　　　　　　　　　　　　　着いた恋愛　一途

25　指輪

・指輪×騎士・・・・・・・・・・・恋愛や結婚の予兆
・指輪×家・・・・・・・・・・・・不動産契約　宝石店
・指輪×雲・・・・・・・・・・・・恋愛や仕事の契約がうまく
　　　　　　　　　　　　　　進まない
・指輪×ヘビ・・・・・・・・・・・不倫や浮気
　　　　　　　　　　　　　　契約時のミス
・指輪×棺・・・・・・・・・・・・愛情が冷める　過去の栄
　　　　　　　　　　　　　　光や恋に執着する
・指輪×鎌・・・・・・・・・・・・配偶者または恋人から心
　　　　　　　　　　　　　　が離れる

　　　　　　　　　　　　　　今の交際は無価値
・指輪×星・・・・・・・・・・・・結婚願望
・指輪×クロス・・・・・・・・・・拘束　束縛

26　本

・本×騎士・・・・・・・・・・・・美的センス　完成　理想
　　　　　　　　　　　　　　美術本　芸術関係の本や
　　　　　　　　　　　　　　パンフレット
・本×船・・・・・・・・・・・・・慰安　観光　ガイドブック
・本×家・・・・・・・・・・・・・本屋　博学な家人　利口
　　　　　　　　　　　　　　な子供を持つ
・本×樹木・・・・・・・・・・・・歴史　医学書　宗教
・本×雲・・・・・・・・・・・・・課題や問題に対する対処
　　　　　　　　　　　　　　法が見つからない　損失
・本×ヘビ・・・・・・・・・・・・専門書　オカルト本
・本×花束・・・・・・・・・・・・園芸の本　フラワーアレン
　　　　　　　　　　　　　　ジメントのテキスト
・本×鎌・・・・・・・・・・・・・過去の思い出を失う
　　　　　　　　　　　　　　記憶喪失　認知症
・本×鞭・・・・・・・・・・・・・契約上にトラブルや訴訟
　　　　　　　　　　　　　　が起きる　進路に悩みが
　　　　　　　　　　　　　　生じる
・本×鳥・・・・・・・・・・・・・情報雑誌　週刊誌　タブ
　　　　　　　　　　　　　　ロイド紙　ファッション雑誌
・本×子供・・・・・・・・・・・・学校の教科書　育児書
・本×星・・・・・・・・・・・・・引き立てを受けて栄達する
　　　　　　　　　　　　　　占いの本
・本×太陽・・・・・・・・・・・・学生、学者は大いに学問
　　　　　　　　　　　　　　が進む
・本×月・・・・・・・・・・・・・心理学　日記

27　手紙

・手紙×クローバー・・・・・・・・喜ばしい知らせ
・手紙×船・・・・・・・・・・・・海外、外国の知人からの
　　　　　　　　　　　　　　知らせ
・手紙×樹木・・・・・・・・・・・診断書が届く　検査結果
・手紙×棺・・・・・・・・・・・・悲しい知らせ　喪中はが
　　　　　　　　　　　　　　き　訃報
・手紙×鳥・・・・・・・・・・・・ダイレクトメール　個人に
　　　　　　　　　　　　　　送られるチラシ
・手紙×子供・・・・・・・・・・・学校からのお知らせ
・手紙×キツネ・・・・・・・・・・若い男性からの手紙や
　　　　　　　　　　　　　　メール

179

付録Ⅱ　コンビネーション・リーディング

- **手紙**×**熊** ・・・・・・・・・・・・・・・・上司、目上の人からの手
　　　　　　　　　　　　　　紙やメール
- **手紙**×**コウノトリ** ・・・・・・・・・移動通知　転勤、転居の
　　　　　　　　　　　　　　知らせ
- **手紙**×**犬** ・・・・・・・・・・・・・・・・友人からの手紙やメール

30　ユリ

- **ユリ**×**ヘビ** ・・・・・・・・・・・・・・誘惑　官能　不誠実
　　　　　　　　　　　　　　不倫
- **ユリ**×**棺** ・・・・・・・・・・・・・・・・無実　潔白　濡れ衣
- **ユリ**×**花束** ・・・・・・・・・・・・・・花嫁のブーケ
- **ユリ**×**鞭** ・・・・・・・・・・・・・・・・世話焼き　おせっかい
- **ユリ**×**塔** ・・・・・・・・・・・・・・・・老人ホーム　シニアマン
　　　　　　　　　　　　　　ション　晩年　老後
- **ユリ**×**ハート** ・・・・・・・・・・・・プラトニックラブ　潔白
　　　　　　　　　　　　　　誠意
- **ユリ**×**錨** ・・・・・・・・・・・・・・・・聖職　介護師　看護師
　　　　　　　　　　　　　　ボランティア精神

31　太陽

- **太陽**×**鎌** ・・・・・・・・・・・・・・・・父親、配偶者、恋人に不
　　　　　　　　　　　　　　幸や災いが起こる
- **太陽**×**子供** ・・・・・・・・・・・・・・夏休み
- **太陽**×**コウノトリ** ・・・・・・・・出産　妊娠
- **太陽**×**山** ・・・・・・・・・・・・・・・・成長　達成
- **太陽**×**本** ・・・・・・・・・・・・・・・・秘密が白日のもとにさらさ
　　　　　　　　　　　　　　れる
- **太陽**×**月** ・・・・・・・・・・・・・・・・二面性　不正　人の力を
　　　　　　　　　　　　　　あてにし過ぎて苦境に立つ
- **太陽**×**錨** ・・・・・・・・・・・・・・・・出世　大きな利益　仕事
　　　　　　　　　　　　　　事業の成功　業績アップ
- **太陽**×**クロス** ・・・・・・・・・・・・今がピークで後に衰運が
　　　　　　　　　　　　　　訪れる

32　月

- **月**×**騎士** ・・・・・・・・・・・・・・・・外からの情報が閃きのヒン
　　　　　　　　　　　　　　ト　アイデアを授かる
- **月**×**樹木** ・・・・・・・・・・・・・・・・自然療法　精神的な癒し
- **月**×**鎌** ・・・・・・・・・・・・・・・・・・援助が無くなる　支えて
　　　　　　　　　　　　　　くれた人との縁が切れる

　　　　　　　　　　　女性の生理　月経不順
　　　　　　　　　　　婦人科系の疾患
- **月**×**鞭** ・・・・・・・・・・・・・・・・母親や妻、恋人の身に不
　　　　　　　　　　　　　　幸や災いが起こる
- **月**×**星** ・・・・・・・・・・・・・・・・徐々に盛運に向かう　先
　　　　　　　　　　　　　　行き明るい　地道な努力
- **月**×**犬** ・・・・・・・・・・・・・・・・親友　カウンセラー　親
　　　　　　　　　　　　　　身になってくれる人
- **月**×**庭園** ・・・・・・・・・・・・・・・・密会　人の目を気にする
　　　　　　　　　　　　　　お忍び

33　鍵

- **鍵**×**家** ・・・・・・・・・・・・・・・・・・セキュリティ　保護　庇護
- **鍵**×**棺** ・・・・・・・・・・・・・・・・・・降伏　服従
- **鍵**×**指輪** ・・・・・・・・・・・・・・・・宝石箱
- **鍵**×**月** ・・・・・・・・・・・・・・・・・・解読
- **鍵**×**魚** ・・・・・・・・・・・・・・・・・・金庫　銀行員

34　魚

- **魚**×**船** ・・・・・・・・・・・・・・・・・・願い事が成就　利得があ
　　　　　　　　　　　　　　る　凱旋　成果を上げて
　　　　　　　　　　　　　　戻る　漁船　立身出世
- **魚**×**家** ・・・・・・・・・・・・・・・・・・故郷に錦を飾る　財を得
　　　　　　　　　　　　　　る
- **魚**×**樹木** ・・・・・・・・・・・・・・・・身体が癒える
- **魚**×**棺** ・・・・・・・・・・・・・・・・・・運を逃す　凶事がある
　　　　　　　　　　　　　　役に立たない考えに固執
　　　　　　　　　　　　　　する
- **魚**×**鎌** ・・・・・・・・・・・・・・・・・・金銭トラブル　援助が途
　　　　　　　　　　　　　　絶える
- **魚**×**指輪** ・・・・・・・・・・・・・・・・裕福な配偶者　富
- **魚**×**ユリ** ・・・・・・・・・・・・・・・・性的欲求　性に溺れる
- **魚**×**クロス** ・・・・・・・・・・・・・・借金　ローン　散財

35　錨

- **錨**×**家** ・・・・・・・・・・・・・・・・・・幸運　利得の兆し　家運
　　　　　　　　　　　　　　が隆盛に向かう　寿命が
　　　　　　　　　　　　　　延びる。
- **錨**×**棺** ・・・・・・・・・・・・・・・・・・事業や仕事の失敗　計画
　　　　　　　　　　　　　　倒れ
- **錨**×**鞭** ・・・・・・・・・・・・・・・・・・仕事上でのミス　留年
- **錨**×**星** ・・・・・・・・・・・・・・・・・・普遍的な価値を手に入れ
　　　　　　　　　　　　　　る　大きな仕事を成し遂げ

付録II　コンビネーション・リーディング

る

- ・錨×塔 ‥‥‥‥‥‥‥‥‥‥‥会社　国会　県庁　区役
　　　　　　　　　　　　　　　所　市役所　公的な建物
- ・錨×庭園 ‥‥‥‥‥‥‥‥‥国立の美術館や博物館
　　　　　　　　　　　　　　　国立の公園
- ・錨×道 ‥‥‥‥‥‥‥‥‥‥国道
- ・錨×ハート ‥‥‥‥‥‥‥仕事への情熱　向上心
- ・錨×魚 ‥‥‥‥‥‥‥‥‥‥税金　納税　確定申告

36　クロス

- ・クロス×騎士 ‥‥‥‥‥‥不吉な知らせ　逃れられな
　　　　　　　　　　　　　　　い災難が来る
- ・クロス×クローバー ‥‥‥‥クロス単体の不幸をクロー
　　　　　　　　　　　　　　　バーが和らげる
- ・クロス×船 ‥‥‥‥‥‥‥他者の行為による旅行の
　　　　　　　　　　　　　　　中断　海外赴任中での帰
　　　　　　　　　　　　　　　国要請
- ・クロス×樹木 ‥‥‥‥‥‥自己的、または政治的圧
　　　　　　　　　　　　　　　迫による改宗　生命力の
　　　　　　　　　　　　　　　衰え
- ・クロス×鎌 ‥‥‥‥‥‥‥未練を断ち切る　受け入
　　　　　　　　　　　　　　　れなくてはいけない痛み
- ・クロス×鞭 ‥‥‥‥‥‥‥懲罰　お仕置き　罪をか
　　　　　　　　　　　　　　　ぶる　冤罪
- ・クロス×ユリ ‥‥‥‥‥‥後悔　謝罪　懺悔
- ・クロス×月 ‥‥‥‥‥‥‥自分の殻に閉じこもる　自
　　　　　　　　　　　　　　　閉　心の迷い　夜逃げ
- ・クロス×錨 ‥‥‥‥‥‥‥満期　定年

付録Ⅲ　キーカード・ガイド

あ行	占いたい内容	該当するカード
あ行	愛、愛情	「ハート」
	愛人	「ヘビ」
	アイドル性	「星」
	アクシデントが起こる可能性	「鎌」
	アクセサリー	「指輪」
	憧れの人	「星」
	頭から離れない言葉	「雲」
	新しいこと	「子供」
	争いごと	「鞭」
	新たな恋	「ハート」
	安定や安心の継続性	「錨」
	家の買い替え、建て替え	「家」
	医学的な事柄	「樹木」
	遺産	「棺」
	一旦停止すべきこと	「雲」
	意欲	「鞭」
	医療関係	「樹木」
	インターネット	「鳥」
	失うもの	「ネズミ」
	後ろ盾となる人物の存在	「熊」
	うその可能性	「キツネ」
	歌	「鳥」
	奪われる恐れのあるもの	「ネズミ」
	裏切り	「ヘビ」
	裏切り者	「キツネ」
	嬉しい出来事	「花束」
	うわさ	「鳥」
	運命	「クロス」
	栄誉の可能性	「太陽」
	SNS	「鳥」
	お金に関すること、お金の使い道	「魚」
	贈りもの	「花束」
	男友達	「紳士」
	親子の愛情	「ハート」
	終わり	「棺」
	音楽	「鳥」
	女友達	「淑女」

か行	占いたい内容	該当するカード
か行	改革	「コウノトリ」
	解決方法	「鍵」
	介護、介護に関わる職業	「ユリ」
	学習の成果	「本」
	家族のこと、家系のこと	「家」
	片思い	「ハート」
	学校に関すること	「塔」
	家庭運	「家」
	家庭教師	「本」
	家庭内の問題	「家」
	我慢	「鞭」
	身体の痛み	「鞭」
	変わりゆくもの	「コウノトリ」
	感謝	「花束」
	貴金属	「指輪」
	危険性	「鎌」
	きっかけ	「鍵」
	基盤（自分）となること	「家」
	希望	「星」
	嫌いな人	「ヘビ」
	金運	「魚」
	薬	「樹木」
	苦難の期間	「クロス」
	クラブ活動	「庭園」
	車	「騎士」
	警戒すべきもの	「ネズミ」
	慶事に関すること	「花束」
	継承される技術	「棺」
	継続していくもの	「塔」
	契約	「指輪」
	決断	「鎌」
	潔白	「太陽」
	決別	「棺」
	ケンカ	「鞭」
	研究	「キツネ」
	健康運	「樹木」
	健康のこと、健康面の留意点	「樹木」

付録III　キーカード・ガイド

	占いたい内容	該当するカード
か行	倦怠期	「雲」
	権力	「熊」
	恋	「ハート」
	恋人（女性）	「淑女」
	恋人（男性）	「紳士」
	幸運な出来事	「クローバー」
	合格・不合格	「手紙」
	狡猾な人間の存在	「キツネ」
	交通渋滞	「道」
	公的なこと	「塔」
	行動の成功度	「船」
	幸福になれる時期	「クローバー」
	高齢者施設	「ユリ」
	声の職業（アナウンサー、ナレーター、声優）	「鳥」
	故郷のこと	「家」
	心変わり	「雲」
	心の痛み	「鞭」
	子供のこと	「子供」
	コミュニケーション	「鳥」
	コミュニティー内での問題	「庭園」
	孤立	「山」
	これから現れる男性	「騎士」
	婚活のゆくえ	「庭園」
	婚約、婚約の時期	「指輪」
	混乱	「雲」
さ行	財産	「魚」
	再生	「ヘビ」
	在宅ワーク	「家」
	裁判	「塔」
	詐欺	「キツネ」
	仕事運	「錨」
	仕事に関すること	「錨」
	仕事について（フリーランスの仕事・アルバイト・パート・営業職）	「船」
	資産運用	「魚」
	持続性	「樹木」

	占いたい内容	該当するカード
さ行	実家のこと	「家」
	しつけ	「鞭」
	嫉妬	「ヘビ」
	自転車	「騎士」
	志望校	「本」
	使命	「クロス」
	社会的立場	「錨」
	邪魔されていること	「雲」
	周囲からの評判	「月」
	習慣	「塔」
	宗教	「クロス」
	充足感	「クローバー」
	重要なポイント	「鍵」
	塾	「本」
	宿命	「クロス」
	主人	「紳士」
	出産	「コウノトリ」
	準備期間の長さ	「錨」
	障害に見舞われる期間	「山」
	昇格や昇進	「太陽」
	状況に変化が訪れる可能性	「コウノトリ」
	上司	「熊」
	招待されるチャンス	「花束」
	情報収集の方法	「鳥」
	将来の懐具合	「魚」
	職場、職場でのポジション	「塔」
	女性	「淑女」
	女性疾患（ホルモンバランス・生理不順・PMS）について	「月」
	ショックな出来事	「鎌」
	試練、試練に対する心構え	「山」
	信仰	「クロス」
	親戚のこと	「家」
	心臓疾患	「ハート」
	心的ストレス	「ハート」
	新入生、新入社員	「子供」
	信用度	「キツネ」

183

付録Ⅲ　キーカード・ガイド

	占いたい内容	該当するカード
さ行	信頼関係	「犬」
	信頼関係の継続	「錨」
	進路	「道」
	スキルアップすべきスキル	「船」
	進む先	「道」
	スピリチュアルなこと	「月」
	スランプ	「山」
	正規雇用	「錨」
	成功	「太陽」
	政治	「塔」
	成績の見通し	「本」
	成長	「樹木」
	性的なこと	「ユリ」
	セキュリティに関すること	「鍵」
	セクシュアリティなこと	「ユリ」
	世帯主のこと	「家」
	戦意	「鞭」
	センスの有無	「星」
	先生	「熊」
	選択肢の種類、選択の正当性	「道」
	船舶関係	「船」
	専門知識	「本」
	相続	「棺」
	総体運	「太陽」
	組織、組織での立ち位置	「塔」
た行	立ちはだかる障害	「山」
	立ち向かうための武器	「山」
	だまされていること	「キツネ」
	男性	「紳士」
	地位	「熊」
	注意点	「雲」
	中止の可能性	「棺」
	挑戦すべきこと	「船」
	追求	「キツネ」
	妻	「淑女」
	停止	「雲」
	DV	「鞭」

	占いたい内容	該当するカード
た行	展開のスピード	「騎士」
	天気	「雲」
	転職	「クロス」
	伝統	「塔」
	同情	「ハート」
	同僚	「犬」
	年下の異性	「犬」
	友達	「犬」
	トラップ	「キツネ」
	鳥（羽の大きいもの）	「コウノトリ」
	取引の成功率	「魚」
な行	仲間内の問題	「犬」
	仲間との時間の過ごし方	「庭園」
	失くしたもののありか	「ネズミ」
	憎んでいる人	「ヘビ」
	偽物	「キツネ」
	ニュース	「騎士」
	妊娠	「コウノトリ」
	妬み	「ヘビ」
	年運	「太陽」
	飲み会、飲み会での役割	「庭園」
は行	パーティー、パーティでの振る舞い	「庭園」
	パートナー	「犬」
	バイク	「騎士」
	初めてのこと	「子供」
	花を扱う仕事	「花束」
	母親	「熊」
	ハラスメント	「鞭」
	繁栄	「樹木」
	引っ越し、引っ越しの時期	「コウノトリ」
	否定事項	「雲」
	美的センス	「花束」
	人の興味を集めるもの	「星」
	美に関すること	「花束」
	批判、批評	「鞭」
	秘密	「本」
	病気	「樹木」

184

付録III　キーカード・ガイド

	占いたい内容	該当するカード
は行	病気（感染症、アレルギー）	「ネズミ」
	ファッションセンス	「花束」
	不安	「雲」
	風評	「鳥」
	不運	「棺」
	不幸	「棺」
	復活	「ヘビ」
	不動産	「家」
	文書	「手紙」
	分断されること	「棺」
	別居	「鎌」
	ペット（犬、猫）	「犬」
	ペット（熱帯魚、水中の生物）	「魚」
	ペット（ハムスター、モルモット）	「ネズミ」
	変化	「コウノトリ」
	返事	「手紙」
	妨害されていること	「雲」
	ボランティア活動	「ユリ」
ま行	待っているものの到着時期	「騎士」
	学ぶ手段	「本」
	守ってくれる人	「熊」
	迷い	「雲」
	未完成のこと	「子供」
	未熟な部分	「子供」
	密告	「ヘビ」
	目上の人	「熊」
	メール	「手紙」
	目標	「星」
	問題解決のヒント	「鍵」
や行	約束	「指輪」
	やる気	「鞭」
	夢	「星」
	幼少時代のこと	「子供」
	ライバルの存在の有無	「ヘビ」
ら行	ラッキーチャンス	「クローバー」
	リーダーシップ	「太陽」
	離婚	「鎌」

	占いたい内容	該当するカード
ら行	両親のこと	「家」
	旅行運	「船」
	恋愛運	「ハート」
	恋愛に発展する可能性	「ハート」
	老後	「ユリ」
わ行	別れ、別れの可能性、別れの時期	「鎌」
	わだかまり	「雲」
	わな	「キツネ」
	悪い出来事	「ヘビ」

185

おわりに

　『ルノルマン・カードの世界』、いかがでしたか？
　ルノルマン・カードにご興味を持っていただけたでしょうか。本書をきっかけに、ひとりでも多くのルノルマンカード・リーダーや愛好家が誕生したなら、これほどうれしいことはありません。

　わたしがルノルマン・カードを初めて手に取ったのは10年ほど前。水彩画タッチの可愛らしい絵柄に「なんて素敵なカードなのだろう！ぜひ占いに使ってみたい」と思いました。
　しかし、当時はルノルマン・カードそのものが世間に知られておらず、テキストも参考文献も探すことがかないませんでした。残念に思いながらも、そのままずっと机の引き出しにしまってありました。
　その後、伊泉龍一先生とお会いする機会があり、先生に「ルノルマン・カードの本を書いてください」とお願いしたところ、「いま、取り組んでいる書籍がいくつかあって難しい。桜野さんが書いてみれば？」と逆提案されてしまったのです。
　それを聞いたときは、とても無理だと考えました。けれども、伊泉先生からカードとはどのように研究して解釈や理解を深めていくのか、占いのツールとしてではなくカードそのものに目を向け解明していくことが大切であるといった、貴重なアドバイスをいただきました。そこからわたしのやる気に火がつき、寝ても覚めてもルノルマン・カードのことばかり考えるようになったのです。

ひとつひとつのシンボルに向き合っていると、まるで謎解きのようにワクワクしました。1枚のカードに理解が深まるたびに、面白いように他のカードとのコンビネーションができるようになり、実践でも鑑定が冴えわたりました。しばらくして、スプレッドやコンビネーションの追求と研究に移り、当初の予定から5年ほど遅れ本書を書き上げるまでにたどり着いたのです。

　本書のカードデザインは伊泉先生のサイト〈運命の世界〉でタロット・カードのデザインを手掛けていらっしゃる熊谷健氏にお願いしました。わたしのイメージするスタイリッシュなルノルマン・カードを実現してくださるのは熊谷氏を置いてほかにはいなかったと思います。編集者の木本万里さんには多大なるご苦労をお掛けしたことと存じます。それにもかかわらず、多方面からのフォローときめ細やかなお気遣い、あたたかな言葉を掛けてくださったこと、心より感謝いたします。

　そして、ルノルマン・カードを研究するきっかけとチャンス、本書を完成させるまでの道を切り開いてくださった伊泉龍一先生に改めて感謝と御礼を申し上げます。

　本書を世に誕生させてくださった駒草出版、本書に携わっていただいたすべての方にこの場を借りて深く感謝申し上げます。

2018年1月

桜野　カレン

おわりに

　「温故知新」という言葉があるが、21世紀の今、西洋の「占い」の世界が求めているのは、まさにそれなのではないか。現に本書で見てきたルノルマン・カードも、もともとは19世紀後半にドイツを中心とするヨーロッパで広まっていった占い用カードであるが、20世紀後半の間、人気はかげり続けていた。それがここ最近、カード占いファンの間で、大きな注目を集めてきているのである。

　もしかすると、この流れは本書で見てきた36枚のルノルマン・カードに留まらず、今後、54枚のルノルマン・カードにも向かっていく可能性もある。そればかりか、随分昔に忘れられてしまったルノルマン・カード以外の過去の占い用カードにも、再び光が当てられていく可能性すらある。

　たとえば、ルノルマン・カードと同じく、かつてドイツで広まった36枚からなる「キッペル・カード」は、好き嫌いが分かれるかもしれないが、改めて注目してみるべき価値のある非常に面白いカードである。実際に「キッペル・カード」は、ここ最近の英語圏において、以下のような新たにデザインされたカードや解説書が出版されている。

- Elizabeth Fiechter and Urban Trosch (2014) *Mystical Kipper Deck.* U. S. Games Systems Inc.
- Ciro Marchetti (2014) *Fin de Siècle Kipper.* U. S. Games Systems Inc.
- Louis Alexandre Musruck (2016) *The Art of Kipper Reading: A guide to decode the Kipper cards.* Lulu. Com.
- Toni Puhle (2017) *The Card Geek's Guide to Kipper Cards.* CreateSpace Independent Publishing Platform.

　また、タロット・カードについても、20世紀後半に広まりポピュラーになった占い方とは別の、より古い占い方を見直していく動きもある。特に19世紀末のイギリスの魔術結社、黄金の夜明け団が行っていた占い方――カードの逆位置ではなくカード同士の「ディグニティ」を判断する――も、最近出版されたタロット本の中で取り上げられるようになってきている。たとえば、2015年に

アメリカで出版され話題を呼んだベンベル・ウェンの『ホリスティック・タロット』（Benbell Wen, *Holistic Tarot: An Integrative Approach to Using Tarot for Personal Growth*. North Atlantic Book）では、「ディグニティ」や「シグニフィケーター」を用いる過去のタロット占いの技法を、より現代的なタロットのスプレッドに取り入れていくことが試みられている。なお同書は、今まさにわたし自身も翻訳に携わっている最中であり、早ければ2018年中に日本語版を出版できることと思う。

　また占星術のほうでも、過去の伝統的なホロスコープの解釈の方法を現代占星術へと接ぎ木していこうという模索が、すでに随分前から始まっている。これまたわたし自身が翻訳した本になってしまい恐縮だが、ケヴィン・バークの『占星術完全ガイド』（Kevin Burk, *Astrology: Understanding the Birth Chart*. Llewellyn Publications, 2001）は、まさにその線に沿って書かれた本だと言える。

　こうした過去の歴史の中で忘れられてしまっているものを再発見していく傾向が強まってきているのは、単に目新しいものへの好奇心からきているとも言えなくもない。だが同時に、20世紀を離れてしばらく時間が経ち、前世紀に発展した「占い」のあり方を、今一度見直していくのに適した時期だからこそ、起こりえる現象なのかもしれない。

　ここで本書の構成についても少し触れておきたい。

　ルノルマンの占い方やカードの意味などを中心とした「実践」的な内容となっている第1章と第2章は、桜野カレンが執筆している。そこでは伝統的な占い方を基にしながらも、それだけに囚われない自由な発想で新たな技法を取り入れていった占い方となっている。少しでもカード占いの歴史を眺めてみれば明らかなように、先行する伝統に刺激を受けながらも、常に新たな視点を盛り込むことで占い方は変化し多様性が生み出されていっている。そういう意味において、本書でのアプローチが次世代のルノルマン・リーダーへ、インスピレーションを与えるものとなれば幸いである。

　ルノルマン・カードの起源に関する第3章は、伊泉が執筆した。そこでは18世紀末と19世紀半ばのふたつの小冊子を基にしながら、今日のルノルマン・カードの基となった各カードの意味、及び「グラン・タブロー」の原点とも言

える初期の占い方を紹介した。とはいえ、ルノルマン・カードの歴史については、今後の課題として、いまだ書くべきことが残っているというのが正直なところである。また執筆中、ルノルマン・カード以外の他のカード占いの歴史についても触れておくべきではないかとも思ったが、今回は紙数の都合もあり割愛した。これもまた別の機会があれば、改めて書いてみたいと思っている。

　最後に本書ができあがるまでお世話になった方々に謝辞を述べておきたい。本書が形作られる最初の原点は、「ルノルマンをもっと日本で広めたい！」という桜野カレンさんの強い熱意から始まっている。その最初の話が出たのは、今から5年前の2013年に遡る。それから桜野さんのほうは、本書の基になった原稿をすぐに書き始めることになった。だが、それをどのように形にすればよいかが定まらないまま随分と時間が経ってしまった。そんな折、2016年9月、駒草出版の代表取締役　井上弘治さんと編集担当の石川彰一郎さんとお会いした際、書籍化の相談をさせていただいた。その結果、カードとセットで本書を出版するという方向で話がまとまった。そして、ついにこうして無事に形となることができたことは、ただただ「ありがとうございました」の一言に尽きる。

　本書のルノルマン・カードは、わたしの個人的なウェブサイト「運命の世界」で使われているタロットのデザインをしていただいた熊谷健さんが引き受けてくださった。伝統に敬意を払いつつも斬新で美しくデザインされたカードとのコラボレーションで本書を送り出せることは望外の幸せである。ここで心からの感謝の想いを伝えておきたい。

　長年にわたり多くの本作りを一緒にさせていただいている編集者の木本万里さんには、今回も多岐にわたる面で非常にお世話になった。改めて深くお礼を申し上げたい。

2018年1月

伊泉　龍一

参考文献

1章、2章

鏡リュウジ著『秘密のルノルマン・オラクル』（夜間飛行、2014年）

リズ・ディーン著、宮田攝子訳、鏡リュウジ監訳『運命のルノルマンカード占い』（二見書房、2016年）

香著『ザ・ルノルマンカード』（説話社、2017年）

マーカス・カッツ、タリ・グッドウィン著、伊泉龍一訳『ラーニング・ルノルマン』（フォーチュナ、2017年）

アト・ド・フリース著、山本主一郎主幹『イメージ・シンボル事典』（大修館書店、1984年）

ジャン・ポールクレベール（著、竹内信夫、西村哲一 翻訳、アランロシェ訳、柳谷巌、瀬戸直彦訳『動物シンボル事典』（大修館書店 1989年）

ミランダブルース－ミットフォード著、若桑みどり訳『サイン・シンボル事典』（三省堂、1997年）

マンフレート・ルルカー著、池田紘一訳『聖書象徴事典』（人文書店、1988年）

マンフレート・ルルカー著、山下主一郎訳『エジプト神話シンボル事典』（大修館書店、1996年）

ジェニファー・スピーク著、中山理訳『キリスト教美術シンボル事典』（大修館書店、1997年）

ハンス・ビーダーマン著、藤代幸一監訳『図説 世界シンボル図鑑』（八坂書房、2000年）

ゲルト・ハインツ・モーア著、野村太郎、小林頼子監訳『西洋シンボル事典』（八坂書房、2003年）

3章

書籍・電子書籍・雑誌

Anon. (c. 1840-1850?) *The Spaewife; or Universal Fortune Teller Wherein Your Future Welfare May be Known by Physiognomy, Palmistry, and Coffee Grounds. Also A Distinct Treaties on Moles. And the Dreamer's Fortune Teller*. Glasgow

Anon. (c.1860) *The Universal fortune teller : being sure and certain directions for discovering the secrets of futurity*. London: W. S. Fortey.

Anon. (1876) *Les Amusemens des Allemands; Or, The Diversions of the Court of Vienna, In Which The Mystery of Fortune-Telling Is Unraveled by Means of Thirty-Two Emblematical Cards, With a Book of Suitable Directions*. London: Champante and Whitrow.

Anon. *Humoristische Blätter für Kopf und Herz*. Nurnberg: Gustav Phillip Jacob Bieling.

Boroveshengra, Andy (2015/2014). *Lenormand Thirty-Six Cards: Fortune-Telling with the Petit Lenormand*. CreateSpace Independent Publishing Platform.

Buckland, Ray (1988) *Secrets of Gypsy Fortunetelling*. Woodbury, MN: Llwellyn Publications.

Decker, Ronald, Depaulis, Thierry and Dummett, Michael (1996) *A Wicked Pack of Cards: The Origins of the Occult Tarot*. London: Gerald Duckworth and Company.

Fiery, Ann (1999) The Book of Divination. San Francisco: Chronicle Books.

Greer, Mary K., Goodwin, Tali and Katz, Marcus (2013) *The English Lenormand: The English Lenormand Tradition from 1796*. Keswick: Forge Press.

Hewitt, William W. (1999/1989) *Tea Leaf Reading*. Woodbury, MN: Llwellyn Publications.

Hoffmann, Detlef and Kroppenstedt, Erika (1972) *Wahrsagekarten: Ein Beitrag zur Geschichte des Okkultismus*. Bielefeld: Deutsches Spielkarten Museum.

Katz, Marcus and Goodwin, Tali (2013) *Learning Lenormand: Traditional Fortune Telling For Modern Life*. Woodbury, MN: Llwellyn Publications.（マーカス・カッツ、タリ・グッドウィン著、伊泉龍一、七海くらら、田中美和子訳、『ラーニング・ルノルマン』（フォーチュナ）、2017年）

Lenormand, Marie-Anne Adélaïde (1814) *Les souvenirs prophétiques d'une sibylle: sur les causes secrètes de son arrestation, le 11 décembre 1809*. Paris: L'Auteur.

Louis, Anthony. (2014) *Lenormand Symnols: Exploring the Images on the Cards*. Kindle Edition 3.1.

Matthews, Catlin (2014) *The Complete Lenormand Oracle Handbook: Reading the Language and Symbols of the Cards*. Rochester,

Vermond and Toronto, Canada: Destiny Books.

Parlett, David Sidney（1999）*The Oxford History of Board Games*. Oxford; New York: Oxford University Press.

Pollack, Rachel（1986）*Teach Yourself Fortune Telling: Palmistry, The Crystal Ball, Runes, Tea leaves, The Tarot*. New York: Henry Holt And Company.

Seville, Adrian（2016）*The Royal Game of the Goose: Four Hundred Years of Printed Board Games*. New York: The Grolier Club.

Ventos, Mario dos.（2007）*The Game of Destiny: Fortune Telling With Lenormands Cards*. Nzo Quimbanda Exu Ventania.

Will, Georg Andreas.（1805）*Nürnbergisches Gelehrten-Lexicon oder Beschreibung aller Nürnbergischen Gelehrten beyderley Geschlechtes nach Ihrem Leben, Verdiensten und Schrifften. Schüpfel*: Altdorf bei Nürnberg.

ウェブサイト

Aeclectic Tarot. "Petit Lenormand History."

http://tarotforum.net/showthread.php?t＝175987&page＝3

Aecletic Tarot. "Antique Lenormand."

http://tarotforum.net/showthread.php?p＝3054424#post3054424

The British Library. "Il Nuovo et Piacevole Gioco dell Ocha."

https://www.bl.uk/collection-items/il-nuovo-et-piacevole-gioco-dell-ocha

The British Museum, "Das Spiel der Hofnung."

http://www.britishmuseum.org/research/collection_online/collection_object_details.aspx?objectId＝3145089&partId＝1

The British Museum. "Print/ Playing-Card."

http://www.britishmuseum.org/research/collection_online/collection_object_details.aspx?objectId＝3283055&partId＝1&searchText＝fortune+telling&images＝true&page＝1

Greer, Mary K.（2013）"A New Lenormand Deck." *Mary K. Gree's Tarot Blog*.

https://marykgreer.com/2013/07/12/a-new-lenormand-deck-discovery/

Lenormand Museum. "Lenormand Fortune Telling Cards Unknown 8."

http://www.lenormand-museum.com/lenormand-fortune-telling-cards-unknown-8.html

Mayer, Huck（2012）"German Cartomancy Texts." *Trionfi Village*.

http://trionfi.eu/village/viewtopic.php?f＝21&t＝1390

Place, Robert M.（2014）"A New Revelation About the Origin of the Lenormand: A History of Oracle Cards in Relation to The Burning Serpent Oracle and a New Revelation About the Origin of the Lenormand." *The Burning Serpent Oracle*.

https://burningserpent.wordpress.com/2014/08/19/a-history-of-oracle-cards-in-relation-to-the-burning-serpent-oracle-and-a-new-revelation-about-the-origin-of-the-lenormand-by-robert-m-place/

Riding, Helen（2012）"Meet Johann Kaspar Hechtel." *Lenormand dicitionary: A Personal Study of Lenormand cartomancy and its origins*.

http://lenormanddictionary.blogspot.jp/p/meet-johann-kaspar-hechtel.html

Riding, Helen（2013）"The Spaewife: I spy." *Lenormand dicitionary: A Personal Study of Lenormand cartomancy and its origins*.

http://lenormanddictionary.blogspot.jp/p/the-spaewife-i-spy.html#7

Tarot History Forum: Over 500 years of history in 78 cards. "German Lenormand 1846/ Spiel der Hoffnung 1799."

http://forum.tarothistory.com/viewtopic.php?f＝11&t＝844/

Houten, Miriam van and Muller, Joop. "Booklet for Fortune Telling Cards Carreras." *DXPO Playing Cards*.

http://www.dxpo-playingcards.com/xpo/variations/pages/dondorf-ft-06a.htm

Houten, Miriam van and Muller, Joop. "The Dondorf Fortune Telling Cards & Variations." *DXPO Playing Cards*.

http://www.dxpo-playingcards.com/xpo/variations/pages/dondorf-ft-00.htm

http://www.dxpo-playingcards.com/xpo/variations/pages/dondorf-ft-00b.htm http://www.dxpo-playingcards.com/xpo/variations/pages/dondorf-ft-00c.htm

http://www.dxpo-playingcards.com/xpo/variations/pages/dondorf-ft-00d.htm

Houten, Miriam van and Muller, Joop. "Booklet for Fortune Telling Cards Carreras." *DXPO Playing Cards*. http://www.dxpo-playingcards.com/xpo/variations/pages/dondorf-ft-06a.htm

Wintle, Simon. "Carreras Fortune Telling Cards." *The World of Playing Cards*. http://www.wopc.co.uk/tarot/carreras-fortune-telling-cards

Wintle, Simon. "Dondorf." *The World of Playing Cards*. http://www.wopc.co.uk/germany/dondorf/

Wikimedia Commons. "File:Johann Kaspar Hechtel.jpg." https://commons.wikimedia.org/wiki/File:Johann_Kaspar_Hechtel.jpg

伊泉 龍一【Ryuichi Izumi】

占い・精神世界研究家。タロット・カード、ヌメロロジー(数秘術)、占星術、手相術、ルーンなどを始めとして欧米の多数の占いを紹介している。

著書:『タロット大全　歴史から図像まで』(紀伊國屋書店)、『完全マスタータロット占術大全』(説話社)

共著:『数秘術の世界』(駒草出版)、『数秘術完全マスターガイド』(同)、『西洋手相術の世界』(同)、『リーディング・ザ・タロット』(同)

訳書:ジョアン・バニング著『ラーニング・ザ・タロット』(駒草出版)、ケヴィン・バーク著『占星術完全ガイド』(フォーチュナ)、マーカス・カッツ、タリ・グッドウィン著『ラーニング・ルノルマン』(同)、ラナ・ジョージ著『エッセンシャル・ルノルマン』(同)。他多数。

監修:アレハンドロ・ホドロフスキー、マリアンヌ・コスタ著『タロットの宇宙』(国書刊行会)

❃ オフィシャルサイト ❃
運命の世界‥‥‥‥‥ http://unmeinosekai.com/
西洋占星術の世界‥‥‥‥ http://astro-fortune.com/

桜野カレン【Karen Sakurano】

ルノルマンカード研究においては日本トップレベルの深い造詣を持つルノルマンカードリーダー。特に鑑定では、その正確無比な的中力と愛にあふれた助言に、相談者からは感謝の声が続々と寄せられている。講師としても活躍し、講座は常に人気で満席。優秀なルノルマンカードリーダーを多く輩出している授業内容は占い業界でも注目されている。

また、多くの占いコンテンツの監修も手掛けている。

著書:「いちばんていねいなルノルマンカード占い」(日本文芸社)、「はじめてのコーヒーカード占い」(FCM合同会社)。

❃ オフィシャルサイト ❃
『Side Story』‥‥‥‥‥ http://sakuranokaren.com/
SNS
Twitter
https://twitter.com/sakurano_karen
Instagram
https://www.instagram.com/sakuranokaren

ルノルマン・カードの世界

2018年1月31日初版発行
2023年3月31日第4刷発行

著　者　　伊泉 龍一、桜野カレン
イラスト　　熊谷 健

発行者　　井上 弘治
発行所　　駒草出版　株式会社ダンク 出版事業部
〒110-0016　東京都台東区台東1-7-1　邦洋秋葉原ビル
TEL 03-3834-9087 ／ FAX 03-3834-4508
http://www.komakusa-pub.jp/

編　　集　　木本 万里
ブックデザイン　　高岡 直子
印刷・製本　　シナノ印刷株式会社
カード製作　　株式会社 新晃社

©Ryuichi Izumi , Karen Sakurano 2018, printed in Japan
ISBN　978-4-905447-89-4　C2076
乱丁・落丁はお取り替えいたします。定価はケースに表示してあります。